사람들에게 호감받는 100가지 방법

KYO KARA DEKIRU! HITO NI SUKARERU 100 NO HOHO
by Akira Uenishi

Copyright ⓒ 2006 by Akira Uenishi
All rights reserved.
First published in Japan in 2006 by SHUEISHA, Inc., Tokyo
Korean translation rights in Republic of Korea arranged by SHUEISHA Inc.
through THE SAKAI AGENCY and PLS AGENCY.

이 책의 한국어판 저작권은 PLS 에이전시를 통해 SHUEISHA Inc.와 독점 계약한 나래북에 있습니다.
저작권법에 의해 한국 내에서 보호를 받는 저작물이므로 무단전재와 무단복제를 금합니다.

인생에서 성공하고 싶다면 먼저 사람을 얻어라

우에니시 아키라 지음
박진배 옮김

나래북

― 서문 ―

    현대인들은 하루하루를 조금이라도 더 열심히 살기 위해 노력합니다. 그러다보니 고민거리가 있으면서도 다른 사람들에게 내색하지 않기 위해 더 큰 소리로 자주 웃는 사람이 있을지도 모르겠습니다.
    하지만 단지 즐겁게 웃는 것만으로는 고민거리가 사라지지 않을 것입니다. 때로는 참을 수 없을 정도로 괴로워서 모든 일이 지겹게 느껴지기도 할 것입니다.

    나는 지금까지 꽤 많은 사람들의 고민거리를 들어왔습니다.
    "왜 제 직속상사는 내 기분을 몰라줄까요?"
    "지금 좋아하는 사람이 있는데, 그 사람이 저를 별로 안 좋아하는 것 같아요."
    "학교에서 친구를 사귀는 일이 참 어려워요."
    직장에서, 또는 연애에서의 인간관계는 그 어떤 것보다도 훨씬 복잡합니다. 그런 만큼 한 번 꼬여 버리면 그 관계를 회복하거나 화해할 방법을 찾는 일이 어렵습니다. 게다가 그 원인도, 무척 다양하고 고민거리도 각양각색이어서, 문제에 맞는 적합한 대책을 찾는 것이 무엇보다 중요합니다.
    그런데 이런 다양한 문제를 해결할 수 있는 가장 효율적인 방법이 하나 있습니다. 바로 자기 자신을 조금 변화시키는 것입니다. 한마디로, 스스로 '호감 가는 사람'이 되면 어떤 문제든 쉽게 해결할 수 있습니다.

친구가 없는 것, 직장상사와 성격이 맞지 않는 것, 그리고 짝사랑에 진전이 없는 것도 모두 당신에게 '호감 가는 매력'이 부족하기 때문입니다. 따라서 당신이 '호감 가는 사람'으로 변신한다면 당신에게 닥친 문제가 무엇이든 쉽게 해결할 수 있습니다.

이 책에는 호감 가는 사람이 되기 위한 100가지 방법이 소개되어 있습니다. 이 방법은 누구나, 지금 이 순간부터 실천할 수 있는 것들입니다. 그런 만큼 매우 간단해 보여도, 그 효과는 가히 절대적입니다.

100가지 방법을 반드시 순서대로 실천할 필요는 없습니다. 자신의 생활을 감안해 가능한 것부터 실천해 나간다면, 어느 순간 당신도 호감 가는 사람이 되어 있을 것입니다.

이 책이 당신의 인생을 행복하고 즐겁게 만드는 하나의 힘이 된다면 더 바랄 것이 없겠습니다.

심리 카운슬러
우에니시 아키라

- 차례 -

서문　　　　　　　　　　　　　　　　　　　4

제1장 | 상대방을 치켜세워라

001 · 상대방에게 먼저 인사를 한다　　　　　　14
002 · 누구에게든 정중하게 말한다　　　　　　　16
003 · 타인을 무시하면 자신도 무시당한다　　　18
004 · 말하는 태도에서 본심이 보인다　　　　　20
005 · 상대방의 말에 긍정하면 신뢰가 쌓인다　22
006 · 잘난 척은 자신의 수준이 낮다는 증거다　24
007 · 남의 말을 중간에 끊는 것은 유치한 행위다　26
008 · 모른 척하는 것은 상냥함의 표현이다　　28
009 · 상대에 대한 배려가 겉으로 드러나야 한다　30
010 · 자신의 처지보다 상대방의 처지를 먼저 배려한다　32

제2장 | 상대방을 맘껏 칭찬하라

011 · 작은 칭찬의 말을 차곡차곡 쌓는다　　　　36
012 · 일의 결과뿐 아니라 과정도 칭찬한다　　　38
013 · 칭찬 포인트가 기쁨을 키운다　　　　　　40
014 · 칭찬은 여러 사람이 모인 곳에서 한다　　42
015 · 소지품으로 그 사람의 감각을 칭찬한다　　44
016 · 마음을 전달하기 위한 칭찬은 구체적으로 해야 한다　46
017 · 실력을 갖추지 않으면 칭찬도 아부로 보인다　48
018 · 연인을 칭찬하면 서로의 사랑이 깊어진다　50
019 · 칭찬은 순수하게 받아들인다　　　　　　　52
020 · 관점을 바꾸면 칭찬할 일이 많이 보인다　54

제3장 | 다른 사람에게 양보하라

021 · 사람을 즐겁게 만드는 비결이 필요하다　　　58
022 · 자신의 결점은 타인의 눈에 잘 보인다　　　60
023 · 뛰어난 사람일수록 겸허하다　　　62
024 · 좋은 일 뒤에 따라오는 교만함에 주의한다　　　64
025 · 아름다운 여성일수록 겸허해야 하는 법이다　　　66
026 · 마음의 화살을 버리면 두 사람의 거리는 가까워진다　　　68
027 · 지나친 욕심은 소중한 것을 잃게 만든다　　　70
028 · 상대를 변화시키려고 하면 싫어한다　　　72
029 · 시간의 여유가 마음의 여유를 만들어낸다　　　74
030 · 진정한 주인공은 조연도 마다하지 않는다　　　76

제4장 | 누구에게든 성실한 자세로 임하라

031 · 작은 약속이 큰 신뢰를 이룬다　　　80
032 · 타인의 시간도 소중하게 여긴다　　　82
033 · 카멜레온 스타일은 아무도 좋아하지 않는다　　　84
034 · 허점을 보여주면 친근감이 생긴다　　　86
035 · 실패를 인정하는 사람만이 성장할 수 있다　　　88
036 · 애인에게는 특히 더 성실해야 한다　　　90
037 · 남에 대한 이야기는 삼가야 한다　　　92
038 · 부탁을 거절할 때도 상대를 배려한다　　　94
039 · 상대방을 잊지 않고 있었음을 강조한다　　　96
040 · 성실함은 친구 사귀기의 첫걸음이다　　　98

제5장 | 늘 감사하는 마음을 가져라

- 041 · 감사하는 이유를 말하면 기쁨이 배가된다 — 102
- 042 · 손으로 쓴 안부 편지의 효과는 매우 크다 — 104
- 043 · 가끔 편지로 감동을 연출한다 — 106
- 044 · 사람을 믿으면 인맥이 두터워진다 — 108
- 045 · 은혜에 둔감해지면 사람이 떨어져 나간다 — 110
- 046 · 가까운 사람에게 감사의 말을 더 자주한다 — 112
- 047 · 싫은 사람에게서도 뭔가를 배울 수 있다 — 114
- 048 · 겉치레 인사는 오히려 역효과를 낸다 — 116
- 049 · '미안합니다' 대신 '감사합니다' 라고 말한다 — 118
- 050 · '덕분입니다' 라는 말을 편하게 자주한다 — 120

제6장 | 다른 사람과 행운을 나누어라

- 051 · 축하의 장소를 은혜를 갚는 장소로 한다 — 124
- 052 · 자신의 용돈을 쪼개어 선물을 산다 — 126
- 053 · 인맥을 충분히 활용한다 — 128
- 054 · 자신이 알고 있는 정보를 공유한다 — 130
- 055 · 푼돈을 아끼면 소중한 것을 잃을 수 있다 — 132
- 056 · 함께할 수 있는 시간을 갖는다 — 134
- 057 · 동료로 받아들이는 배려가 필요하다 — 136
- 058 · 엽서 하나로 사랑의 결실을 맺을 수 있다 — 138
- 059 · 어떤 상황에서든 밝고 긍정적으로 말한다 — 140
- 060 · 이기고 지는 것에 얽매이면 행운도 도망간다 — 142

제7장 | 서비스를 조금 더 하라

- 061 · 작은 배려가 큰 결과를 낳는다　　　　　　　　　　146
- 062 · 주위 사람들을 배려하고 신경 쓰는 자세가 중요하다　148
- 063 · 이름을 기억하면 원하는 것을 이루기 쉽다　　　　　150
- 064 · 몸에 밴 작은 습관이 인생을 바꾼다　　　　　　　　152
- 065 · 타인의 일을 도와주면 인덕이 쌓인다　　　　　　　154
- 066 · 모임에서의 배려가 인간성을 돋보이게 한다　　　　156
- 067 · 점원의 고충까지 이해하며 행동한다　　　　　　　158
- 068 · 세계적으로 호감받는 아주 간단한 비결　　　　　　160
- 069 · 호감 가는 사람은 떠난 자리도 아름답다　　　　　　162
- 070 · 사소하지만 누구나 할 수 있는 최상의 배려　　　　164

제8장 | 부탁받은 것에 적절히 응답하라

- 071 · 듣는 것만 잘해도 호감도가 올라간다　　　　　　　168
- 072 · 풋워크의 경쾌함이 인기를 상승시킨다　　　　　　170
- 073 · 거절할 때는 대안을 제시한다　　　　　　　　　　172
- 074 · 부탁이나 초대를 거절할 때는 최대한 빨리 한다　　174
- 075 · 대답 방식에 따라 호감도가 달라진다　　　　　　　176
- 076 · 자신의 지식과 기술로 남을 도와준다　　　　　　　178
- 077 · 어려운 상황에 놓인 상대의 말을 경청한다　　　　180
- 078 · 덧붙이는 한마디가 좋은 인상을 심는다　　　　　　182
- 079 · 약속을 도중에 취소하려면 처음부터 거절한다　　　184
- 080 · 친절은 말없이 해야 진짜다　　　　　　　　　　　186

제9장 | 사람에게 헌신하라

- 081 · 당당한 자리 양보가 친절함을 입증한다 … 190
- 082 · 길을 설명할 때도 상대방을 배려해야 한다 … 192
- 083 · 모두가 즐거워할 만한 일을 하면 친구가 생긴다 … 194
- 084 · 남을 위한 봉사가 신뢰와 호감을 쌓는다 … 196
- 085 · 당신의 도움을 필요로 하는 사람들이 의외로 많다 … 198
- 086 · 남을 위해 자신의 힘을 스스로 발휘한다 … 200
- 087 · 남들이 하기 싫어하는 일을 솔선해서 한다 … 202
- 088 · 진정한 상냥함은 모든 사람들에게 똑같이 대한다 … 204
- 089 · 봉사활동은 결코 시간 낭비가 아니다 … 206
- 090 · 봉사활동을 하면 자기 자신이 더 좋아진다 … 208

제10장 | 사람들에게 기쁨을 나눠 주어라

- 091 · 상대방의 결단을 아낌없이 응원하고 격려한다 … 212
- 092 · 작은 선물이 인맥을 탄탄하게 해준다 … 214
- 093 · 주위를 살펴 도움의 손길을 내민다 … 216
- 094 · 명랑하고 긍정적인 말이 행복을 가져온다 … 218
- 095 · 상대방을 위해 시간을 내준다 … 220
- 096 · 대화의 화젯거리는 상대방에게 맡긴다 … 222
- 097 · 미소 띤 얼굴이 인간관계를 형성하는 핵심이다 … 224
- 098 · 유머로 상대방의 마음을 열 수 있다 … 226
- 099 · 설교보다는 조언이 효과적이다 … 228
- 100 · 존재 자체만으로도 행복감을 주는 사람이 되어라 … 230

사람은 때때로 남의 결점을 파헤침으로써 자신의 존재를 돋보이려고 한다.
그러나 그렇게 함으로써 자신의 결점을 드러낸다.

사람은 총명하고 선량하면 할수록 남의 좋은 점을 발견한다.
그러나 어리석고 짓궂으면 그럴수록 남의 결점을 찾는다.

― 톨스토이

제1장
상대방을 치켜세워라

호감 가는 사람들의 가장 큰 특징은 바로 커뮤니케이션 능력이 뛰어나다는 점입니다. 즉, 이런 사람들을 잘 관찰해 보면 상대방을 적당히 치켜세우고, 기분 좋게 만드는 말과 행동을 잘한다는 사실을 알 수 있습니다.
사람은 누구나 자기 기분을 좋게 만드는 상대에게 호감을 보이게 마련입니다. 그런 만큼 상대방을 잘 치켜세우는 사람들이 인기가 있을 수밖에 없습니다.
따라서 이 장에서는 상대방을 치켜세우는 구체적인 방법들을 소개하겠습니다.

001
상대방에게 먼저 인사를 한다

　호감 가는 사람이 되고 싶다면 지금 당장 실천해야 할 것이 있다. 바로 상대방이 누구든 당신이 먼저 인사를 하는 것이다.
　인사는 아주 간단하지만, 인간관계나 장소의 분위기를 좋게 만들고 싶을 때 가장 뛰어난 효과를 발휘한다. 왜냐하면 당신이 먼저 건넨 인사는 상대방에게 '나는 당신에게 적의가 없습니다. 오히려 당신과 친하게 지내고 싶습니다' 라는 의사를 전달하기 때문이다. 게다가 상대방이 인사해 오길 기다리기보다 당신이 먼저 반갑게 인사를 한다면 그것은 곧 상대방을 치켜세운다는 의미이기도 하다.
　그런데 인사하기가 생각만큼 쉽지 않다는 사람들이 있다. 이런 사람들은 대부분 인사를 할까 말까 망설이거나 인사말에 신경 쓰다 타이밍을 놓치고 만다. 이 유형의 사람들은 쉽게 상처받기 때문에 자신이 먼저 인사했을 때 '상대방이 응해주지 않으면 어떡하지?' 라는 걱정에 휩싸이곤 한다.
　만일 당신이 이에 속한다면 이런 걱정은 과감히 버리고, '그냥 상대에게 인사하고 싶어서 내가 솔선해서 하는 것이다' 라는 발상의 전환을 먼저 하도록 하라.

 망설임 없이 먼저 상냥하게 인사를 한다면 대부분의 사람들은 웃는 얼굴로 당신에게 인사말을 건넬 것이다. 그리고 당신에게 큰 호감을 느낄 것이다.

 만일 직장에서나 학교에서 먼저 인사하는 것이 익숙하지 않다면 가족을 상대로 연습해 보는 것도 좋은 방법이다. 가족에게 마음을 담아 인사를 먼저 건넨다면 상대방의 반응을 쉽게 관찰할 수 있을 뿐 아니라, 자신의 실수도 고칠 수 있다.

 유쾌한 인간관계나 기분 좋은 상황은 자신의 적극적인 노력에 의해 이루어지는 것이지, 결코 저절로 굴러 들어오는 것이 아니다. 즉, 먼저 작은 행동으로 상대방의 관심을 이끌어낸다면 당신의 호감도도 조금씩 올라가게 될 것이다.

002
누구에게든 정중하게 말한다

평상시의 말투로 그 사람의 인상이 결정되는 경우가 흔하다. 예를 들어, 최근 유행하는 패션으로 치장한 젊은 여성이 평상시에 예의 바르고 정중하게 말한다면 "어! 생각보다 조신한 여성이네"라는 평가를 받게 된다. 반대로, 첫인상은 조신해 보였지만 "재수 없어", "거기, 너!"라는 등의 거친 말을 사용하는 여성이라면 "뭐야! 저 여자, 인상이랑 딴판이잖아"라는 평가를 들을 수 있다.

잘 모르는 사람이 굉장히 친한 척 다가와 말을 걸어오면 '혹시 이 사람, 날 귀찮게 하는 건 아닐까?' 라는 생각에 경계하는 것이 우리의 본능이다.

호감 가는 사람들이 하는 말에 귀 기울여 보면, 그들은 늘 예의에서 벗어나지 않는 단어들을 사용해 상냥하게 말한다는 사실을 알 수 있다. 상대방의 기분이 상하지 않을 만한 단어들을 선택하는 것이다. 이런 성향은 상대방이 어리거나 지위가 낮아도 마찬가지다. 즉, 호감 가는 사람은 아주 자연스럽게 상대방을 치켜세우는 말을 함으로써 그의 기분을 좋게 만든다.

물론 입이 거칠어도 인격적으로 훌륭한 사람이 있다. 그런 사람들을 볼 때마다 우리는 "그는 입은 좀 거칠어도 배려 깊은 말을 참 잘해"라고 말하곤 한다. 단, 그 사람의 진면목을 알기 위해서는 어느 정도 시간이 필요하다. 그런 만큼 첫 만남에서의 말투와 단어 선택이 무척 중요하다고 할 수 있다.

공식석상이 아닌, 당신이 절친한 친구와 함께한 사적인 자리에서도 누군가 당신의 말을 듣고 있을지 모른다. 따라서 어떤 상황에서든, 그리고 상대가 누구든 그를 배려하면서 단어를 신중하게 선택하고 상냥하게 말하는 습관이 중요하다.

'인간관계의 기본 룰은 말에 있다'고 한다. 당신은 상대방을 치켜세우는 단어들을 사용하고 있는가? '그렇지 않은데······'라고 생각된다면 오늘부터 이 부분에 각별히 신경 쓰도록 하자.

003
타인을 무시하면 자신도 무시당한다

말은 타인과의 커뮤니케이션에서 빼놓을 수 없는 요소이기 때문에, 의식하든 안 하든 인간관계에 많은 영향을 미친다.

타인에게 미움받는 사람들의 말에 귀 기울여 보면, 대부분 타인을 무시하는 단어들을 많이 사용한다는 사실을 알 수 있다. 말을 하는 당사자는 무의식중에 그런 말을 하는 것일지라도, 듣는 사람 입장에서는 자신이 무시당한다는 사실을 느끼고 마음에 새겨두게 마련이다. 그만큼 상대방을 무시하는 사람에게는 적이 많아질 수밖에 없다.

당신도 혹시 무의식중에 상대방을 무시하는 단어들을 사용하고 있지는 않는가? 만일 그렇다면 주변 사람들 사이에서 "저 사람은 상대하기 힘든 인간이야"라는 소문이 나돌고 있을지도 모른다. 뜨끔한 사람은 이제부터라도 단어 선택에 신중하도록 하자.

다음의 예는 비록 짧긴 하지만, 평상시에 자주 사용하면 당신에게 호감 갖는 사람이 점점 많아질 것이므로, 반드시 실천해 보길 바란다.

- 그런 것쯤은 이미 알고 있다고요. ---▶ 말씀 감사합니다.
- 쓸데없는 말 좀 하지 마세요. ---▶ 미처 신경을 못 썼네요. 고마워요.
- 당신에게는 불가능한 일이야. ---▶ 당신이라면 틀림없이 할 수 있어.
- 능력으로 볼 때 당신에겐 무리야. ---▶ 당신의 능력이라면 이런 일쯤은 아무것도 아니야.
- 너무 유치한 생각이야. ---▶ 좀 더 자세히 얘기해 줄래?
- 왜 그런 것도 몰라? ---▶ 나도 네 나이 때는 그런 것을 잘 몰랐어.
- 아무리 해도 발전성이 없는 인간이군. ---▶ 경험을 살려서 앞으로 더 열심히 해보게.
- 이게 다 누구 덕인데. ---▶ 너의 힘이 컸어. 고맙다.

004
말하는 태도에서 본심이 보인다

　말에서 단어 선택만큼 중요한 것이 바로 '말하는 태도'다. 단적인 예로, 누군가와 대화를 나눌 때 상체를 뒤로 젖힌 상태에서 말을 하면 상대를 깔보는 느낌을 주어 자신에 대한 기분 나쁜 인상을 심어준다. 즉, 말로는 "미안해요"라고 하긴 했지만, 상대방은 마음에 없는 사과라고 받아들이게 되는 것이다.

　또 다른 예로, 같은 말일지라도 큰 목소리로 화내듯이 말하는 것과 차분한 목소리로 조심스레 말하는 태도는 완전히 상반된 인상을 준다.

　그리고 대화를 할 때 상대방과의 물리적 거리는 그 사람을 대하는 심리적 거리를 반영한다.

　만일 상대방을 치켜세우는 말을 하면서도 상대를 똑바로 쳐다보지 않는다면 어떨까?

　아마도 "이 사람, 말은 정중하게 잘 하지만, 저렇게 두리번거리는 모습을 보니 이 대화에 집중하지 못하는구만"이라는 좋지 않은 인상을 심어줄 것이 분명하다. 그럼 그는 다시는 당신을 만나고 싶지 않을 것이다.

    상대방을 치켜세우며 성실한 태도로 말하는 사람은 만날 때마다 주변을 기분 좋게 만든다. 그런 만큼 주변 사람들 사이에서 호감형의 인물로 꼽힌다.

005
상대방의 말에 긍정하면 신뢰가 쌓인다

사람들이 듣길 원하는 말 가운데 대표적인 것이 바로 "당신 말이 맞네요"이다. 호감형의 사람들은 이런 말로 상대방의 의견에 동조하거나 긍정적으로 대응하는 일이 무척 자연스럽다.

그런 만큼 '이 사람과는 말이 통하네', '이 사람과 말하고 있으면 내 생각을 자연스럽게 표현할 수 있어서 좋아'라는 생각을 상대방에게 심어주게 된다.

그렇다면 상대방의 의견에 동조하고 긍정적으로 대응하려면 구체적으로 어떻게 말해야 할까? 아주 간단하게도 "역시!", "그렇군요!"라고 말하기만 하면 된다. 이 짧은 말만으로도 상대방은 자기 말을 이해하고 있다는 느낌을 받게 되는 것이다.

자신만만하게 보이는 사람이라도 속으로는 '이것으로 내 생각이 잘 전달됐을까?'라는 작은 불안감을 갖고 있다. 이런 상태에서 당신이 상대방의 의견에 동조하고 공감하는 말을 해준다면 그는 큰 용기를 얻게 될 것이다.

일반적으로 신뢰도와 호감도가 높은 사람들은 대부분 이렇게 상대방의 의견에 동조하고 공감하는 말을 하는 데 익숙하다. 한마디로 상대방으로부터 '그 사람과 대화를 하다 보면 자신감이 생겨요', '이 사람은 나를 이해해 주고 있구나'라는 좋은 감정을 자연스럽게 이끌어내는 것이다.

    따라서 지금부터라도 의식적으로 상대방의 의견에 동조하고 긍정적으로 대응하는 말과 자세를 갖추기 위해 노력하자.

006
잘난 척은 자신의 수준이 낮다는 증거다

　간혹 물어보지도 않았는데 예전의 성공담을 늘어놓거나, 고가의 취미 또는 물건 등을 자랑하는 사람들이 있다. 또 마치 "내가 머리가 좀 좋지"라고 말하려는 듯 전문지식이나 어려운 말들을 쏟아내거나, 학력과 회사의 명성을 자랑하는데 의외로 이런 사람들이 많다.

　하지만 이런 사람들은 절대 남에게 호감을 받지 못한다. 왜냐하면 잘난 척하는 사람은 무의식중에 상대방을 수준 아래로 내려다보게 마련이며, 이런 감정은 상대방에게도 그대로 전달되기 때문이다.

　잘난 척하는 사람은 오직 자기 자신만 생각할 뿐 상대방을 치켜세워야 한다는 사실을 전혀 깨닫지 못해 비호감이 되기 쉽다. 물론 사람이라면 누구나 어느 정도의 자랑은 하고 싶다.

　예를 들어, 아기를 낳은 지 얼마 안 된 산모가 "우리 아가 좀 보세요, 정말 귀엽죠?"라며 사진을 꺼내 보인다면 주변 사람들도 웃으며 그 말에 동조할 것이다. 또 좀처럼 자랑하지 않는 사람이 "오늘은 내가 자랑 하나 해도 될까?"라고 말하면서 행복해한다면 그리 나쁜 인상을 주지 않는다.

문제는 주변 사람들이 자기 자랑에 질려 있는데, 그 사실을 깨닫지 못한 채 끊임없이 자랑을 늘어놓는 경우이다. 이런 유형의 사람들은 주변에 자신의 존재를 각인시키지 않으면 안절부절못하기 때문에 자기 자랑을 끊임없이 반복하는 것이다.

즉, 주변 사람들에게 "대단해!", "멋있다!" 등의 말을 듣는 것으로 자신의 가치를 평가하는 열등감의 소유자로, 자기 평가가 극단적으로 낮은 사람이라 할 수 있다.

혹시 '나도 좀 그런 편인데……' 라는 생각이 든다면, 오늘부터라도 자랑은 그만두자. 무리해서 자신을 돋보이려 한다면 주변 사람들은 당신을 존경하기는커녕 오히려 멀리하고 싶어질 것이다.

남의 말을 중간에 끊는 것은 유치한 행위다

상대방의 말을 중간에 끊는 것은 무척 실례되는 행동이다. 그럼에도 자기 자신밖에 모르는 사람은 아무 거리낌 없이 상대방의 말을 끊곤 한다.

예를 들어, 상대방이 "지난주에 호주에 다녀왔는데……"라고 말을 시작하자마자 "호주? 나도 작년 여름휴가 때 갔다 왔어. 코알라를 직접 안아봤는데 귀엽더라고. 하지만 캥거루는 너무 커서 무섭더라. 그러고 보니 호텔에서 어떤 일이 있었냐면……"이라고 상대방의 이야기가 나오기 전에 자기 말만 늘어놓는 것이다. 이런 식의 말은 당신이 무척 유치한 사람이라는 사실을 공공연히 알리는 행위다.

물론 상대방은 "아, 너도 호주에 가봤구나. 우연이네"라고 말하면서 당신의 이야기에 동조하는 듯한 반응을 보일 수 있다. 하지만 속으로는 '내 말을 끊고 자기 말만 하다니, 너무 이기적인 사람이야'라고 생각할 것이다.

대부분의 사람들은 상대방의 이야기를 끝까지 듣는 것이 그리 어렵지 않다고 말한다. 하지만 막상 실행해 보면 그리 쉽지 않다는 사실을 알게 될 것이다. 특히 평상시에 말이 많은 사람의 경우, 몇 번이고 중간에 끼어들고 싶어질 것이 분명하다.

따라서 누구를 만나기 전에 "좋아. 오늘은 상대방의 말을 중간에 끊지 않고 끝까지 듣겠어"라는 다짐을 마음에 꼭 새기도록 하자. 이런 다짐과 실천을 반복하다 보면 상대방의 말을 중간에 끊는 나쁜 버릇을 고칠 수 있다.

오늘부터 상대방의 말을 잘 듣는, 듣기에 익숙한 사람이 되는 것을 목표로 하자.

008
모른 척하는 것은 상냥함의 표현이다

상대방을 치켜세우기 위해서라면 아는 것도 모른 척하는 게 도움이 될 때가 있다. 혹시 당신보다 나이가 많은 사람과 만났을 때 당신은 어떻게 대화를 이끌어 나가는가?

"아! 그 이야기 진짜 유명해요", "저도 지난주 신문에서 그거 읽었어요"라고 한다면, 흥이 나서 말을 꺼낸 상대방은 기분 상해할 것이 분명하다.

이렇듯 무신경한 사람은 아무렇지 않게 상대방을 무안하게 만듦으로써 자신의 호감도를 떨어뜨린다. 반면, 누구에게나 호감 가는 사람은 자신이 알고 있는 이야기가 나와도 미리 알고 있었다는 사실을 잘 드러내지 않는다.

그렇다고 "어, 전혀 몰랐어요. 역시 선배님은 박학다식하다니까요" 같은 거짓말까지는 할 필요가 없다. 거짓말을 하면 오히려 태도나 말투가 부자연스러워 뻔뻔하거나 진실 되지 못한 인상을 줄 수도 있기 때문이다. 게다가 나중에 당신이 그 이야기를 이미 알고 있었다는 사실을 상대방이 눈치 챈다면 서로에 대한 신뢰가 깨질 뿐 아니라 상대방의 기분이 더 많이 상할 수도 있으니 유념해야 한다.

호감 가는 사람은 자신도 알고 있는 사실을 상대방이 화제로 삼을 때 "저도 그런 이야기를 어디서 들은 것 같아요. 자세히 좀 말씀해 주시겠어요?"라는 식으로 화답함으로써 상대방에게 "저도 알고 있지만 당신만큼 잘 알지는 못합니다"라는 의미를 전달한다. 그럼 한껏 고무된 상대방은 기분 좋은 말투와 표정으로 이야기를 이어나간다.

사람은 누구나 자신이 아는 것을 타인에게 가르쳐주고 싶어한다. 그런 만큼 어떤 이야기를 이어나갈 수 있도록 분위기를 맞추면서 상대방을 치켜세워 준다면 대화 분위기가 한층 화기애애해질 뿐 아니라, 당신의 호감도도 올라가게 된다. 자신의 이야기에 흥미를 보이는 상대에게 호감을 느끼는 것은 당연한 일이다.

상대에 대한 배려가 겉으로 드러나야 한다

'상대방을 치켜세울 때 겉모습까지 신경 써야 하나?'라고 생각하는 사람들도 있을지 모른다. 물론 사람은 겉모습보다 마음이 중요하다. 그럼에도 요즘에는 겉모습만으로 상대를 판단하는 사람들이 많은 것이 사실이다.

예를 들어 이성 친구와 만나기로 한 날, 이성 친구가 평소보다 멋지거나 예쁜 모습으로 약속 장소에 나타났다면 당신의 기분은 어떻겠는가? '나를 만나기 위해 저렇게 신경 쓰고 오다니……'라는 생각에 그 친구에게 더 호감을 갖게 되고 기분도 좋아질 것이다.

그러나 반대로 지나치게 야하거나 지저분한 모습으로 나타났다면 어떨까? '이런 모습을 하고 나타나다니, 같이 다니기 영 창피한 걸'이라는 생각이 절로 들지 않겠는가?

특히 처음 만나는 사이라면 겉모습이 당신에 대한 평가를 좌우할 수도 있다. 경험해 봐서 알겠지만, 처음 만났을 때 '괜찮은 사람 같네', '나와 잘 맞겠어' 등의 좋은 이미지를 풍기는 상대에게 호의적인 태도를 보이는 것은 당연하다.

반대로 '어, 이건 아닌데'라는 이미지를 가진 사람과는 애써 친분을 맺고 싶은 생각이 들지 않을 것이다. 이런 감정은 자기 자신을 지키기 위한 자연스러운 감정이며, 또 반드시 필요한 것이기도 하다.

겉모습 중에서도 가장 중요한 것이 바로 청결이다. 이때 자기 자신만의 기준에 따른 청결은 아무런 도움이 되지 않는다. 누구나 봤을 때, 즉 일반적인 '청결한 느낌'이 상대에게 호감을 준다는 사실에 유념하자.

가끔 눈에 확 띄는 모습으로 개성을 한껏 표현했지만 그것이 자신만의 '개성 기준'인 사람들을 볼 수 있다. 이런 사람은 오히려 호감을 떨어뜨리는 역효과를 낳을 수 있으니 주의해야 한다. 즉, 자기 혼자만 '멋있어'라고 생각하는 스타일이나 겉모습은 진정한 '멋'이 아니다. 물론 오랫동안 잘 알고 지낸 사람을 만날 때는 자신의 개성을 한껏 발휘해도 상관없다. 상대방도 당신을 이해해 줄 것이기 때문이다. 하지만 첫 만남에서는 일반적인 스타일이 가장 무난하다는 사실을 잊지 말기 바란다.

010
자신의 처지보다 상대방의 처지를 먼저 배려한다

가끔 여러 사람이 함께 모이는 약속이 생길 수 있다. 그런데 이렇게 여럿이 한꺼번에 만나기로 한 약속을 제멋대로 바꾸자고 하거나, 약속 장소와 시간 때문에 혼자 불평을 늘어놓음으로써 다른 사람들의 기분까지 망쳐 버리는 이기적인 사람들이 의외로 많다.

"갑자기 일이 생겨서 그러는데, 약속을 그 전날로 바꾸면 안 될까?" 여러 사람과 통화하고 몇 번이나 조정해 모두 나올 수 있는 날로 약속을 잡았음에도 아무렇지 않게 이런 말을 하는 사람들이 있다.

그뿐 아니라 "그 전날에는 내가 약속이 있어서 바꾸기가 좀 곤란해"라고 말하는 상대에게 "그럼 그 약속을 다른 날로 바꿔"라고 아무렇지 않게 강요하는 사람이 있는가 하면, "아참! 음식점 말이야. 다이어트 중이라 중국요리가 부담스러우니까 다른 데로 정하자"라는 식으로 자기만 생각하고 자기 기준대로만 약속을 정하려는 사람들도 있다. 즉, 상대방의 처지는 전혀 고려하지 않는 것이다.

이런 식으로 자기의 생활만 중요하게 생각하면서 다른 사람들이 거기에 맞춰 주길 바라는 사람은 결코 남에게 호감을 줄 수 없다.

호감 가는 사람은 자신보다 상대방의 처지를 먼저 고려하고 생각한다. "나는 20일과 27일이 괜찮아. 그런데 다른 친구들이 그날이 곤란하다고 하면 내가 딴 약속을 조정해 볼 테니까 미리 연락줘", "나는 어디든 상관없으니까 메뉴는 너희들이 좋은 걸로 결정해"라는 식으로 다른 타인의 편의와 즐거움을 먼저 생각하는 사람은 호감 가는 스타일이 될 뿐 아니라, 상대방에게 어떤 스트레스도 주지 않는다.

당신은 혹시 주변 사람들에게 스트레스를 주고 있지는 않은가? 만일 그런 것 같다는 생각이 든다면, 오늘부터라도 자신보다는 상대방의 처지와 즐거움을 먼저 배려하는 사람이 되도록 노력하자.

제2장

상대방을 맘껏 칭찬하라

'친하게 지내고 싶다'라는 느낌이 드는 사람과 정말 친해지고 싶은데 어떻게 하면 좋을까요? 답은 의외로 간단합니다. 그 사람을 칭찬하는 것입니다. 믿어지지 않는다고요? 그럼 실제로 한 번 해보세요. 그럼 이 간단한 답이 진실임을 알게 될 것입니다.

사람은 누구나 칭찬을 받으면 얼굴에는 환한 웃음이 떠오르고, 자신을 칭찬한 상대를 다음에 만날 기회가 생기면 먼저 친근하게 말을 걸게 마련입니다.

그런데 칭찬을 생각 없이 마구 해대는 것은 오히려 역효과가 날 수 있습니다. 진실이 느껴지지 않기 때문이지요. 즉, 칭찬도 상대방을 충분히 관찰한 뒤에 해야 효과적입니다.

칭찬은 '당신을 보고 있어요', '당신을 인정해요', '당신은 좋은 사람이에요'라는 뜻으로 연결됩니다. 따라서 누군가와 친해지고 싶다면 지금부터 칭찬에 익숙해지도록 합시다. 칭찬 하나로 사람 사귀기에 큰 진척을 볼 수 있다면 당신의 인간관계는 한결 풍족해지고 부드러워지지 않을까요?

011
작은 칭찬의 말을 차곡차곡 쌓는다

"칭찬이 좋다는 것은 잘 알지만, 어떻게 칭찬해야 할지 잘 모르겠어요"라고 말하는 사람들을 위해 칭찬할 때의 포인트를 몇 개 소개하겠다.

칭찬이 익숙하지 않은 사람은 '무엇을 칭찬해야 하지?', '이상하게 오해해서 괜히 미움받을지도 몰라' 라는 걱정을 많이 하는 편이다. 하지만 칭찬은 생각만큼 그렇게 어렵지 않다. 아주 가볍게 생각하면 되는 것이다.

칭찬의 내용은 매우 소소한 것이라도 상관없다. 예를 들어 "오늘도 역시 멋있는데요. 정말 근사해요!" 같은 스스럼없는 말 한마디면 상대방은 큰 기쁨을 느끼게 된다.

어떤 사람이 유독 옷차림에 신경쓰고 온 사실을 눈치 챘으면서도 그 점을 칭찬해 주는 동료나 친구는 그리 많지 않다. "어라?"라고 말하며 그냥 지나치는 사람이 있는가 하면 "뭐야, 오늘 무슨 일 있어?"라며 상대방을 놀리듯이 말하는 사람들도 있다. 이런 상황에서 솔직하게 미소 띤 얼굴로 "멋있어요!"라고 말하는 사람의 호감도가 엄청

올라가지 않겠는가.

　칭찬할 때 일부러 그 사람과 오랜 시간을 보낼 필요는 없다. 스쳐가는 길이나 얼굴이 마주쳤을 때 아주 잠깐 칭찬의 말을 전하면 그것으로 충분하다. 즉, 보자마자 눈에 띄는 점을 그 즉시 칭찬하면 되는 것이다. 간혹 스쳐 지나가면서 위아래로 힐끔힐끔 바라보는 사람이 있는데, 그럼 상대방은 '참 기분 나쁘게 쳐다보네. 매너가 꽝이야' 라고 생각할 수도 있으므로 조심한다.

　칭찬할 때는 자연스런 느낌이 무엇보다 중요하다. 따라서 스스럼없이 아주 작고 소소한 것들을 먼저 칭찬하도록 하자. 그런 작은 칭찬들이 모이면 당신은 어느 순간 느낌이 좋은 사람으로 남들에게 호감을 안겨줄 것이다.

012
일의 결과뿐 아니라 과정도 칭찬한다

어느 회사에 젊은 직원들 사이에서 매우 인기 높은 K 과장이 있었다. K 과장의 부하직원들은 늘 즐겁게 일을 하기 때문에 그의 부서는 늘 업무 성과가 좋았다. 부하직원들이 이렇게 즐겁게 일하는 데는 K 과장의 칭찬이 큰 몫을 차지했다.

K 과장은 부하직원들이 열심히 노력해 큰 성과를 올리면 그 결과뿐 아니라 과정도 높이 평가했다. 예를 들어, "A사와의 거래를 성사시키다니, 자네 정말 대단해!"라고 말한 다음, 그 사람이 노력해온 과정도 반드시 칭찬했던 것이다. "그쪽 담당자가 무척 까다로웠지? 자네가 계획서를 꼼꼼하게 잘 만들기도 했지만, A사의 담당자는 거절당하고도 기죽지 않은 채 다시 찾아오는 자네의 모습에 더 큰 감동을 받았을 거야. 자네는 우리 부서로 온 지 1년밖에 안 됐는데도 정말 잘하고 있어. 지금처럼 앞으로도 열심히 해주게"라는 식이다.

부하직원들은 '다른 부서의 상사들은 결과밖에 보지 않는데, K 과장님은 내가 노력한 과정을 전부 보고 계시는구나. 과장님의 기대에 어긋나지 않도록 더 열심히 일해야겠어' 라고 다짐하면서, 즐겁고 기쁜 모습으로 회사생활을 하고 있는 것이다.

  사람은 자신이 고생하는 모습을 지켜봐 주고 평가해 주는 상대에게 호감을 느끼게 마련이다. 당신도 상대를 칭찬할 때는 "대단해", "정말 열심히 했네"라는 말에 그치지 말고 그의 노력 과정도 진심으로 칭찬하도록 하자.

013
칭찬 포인트가 기쁨을 키운다

듣는 사람의 처지에서 볼 때 가장 기분 좋은 칭찬은 따로 있다. 바로 자신이 제일 좋아하거나 잘하는 일을 칭찬받는 것이다.

즉, 상대방이 "저는 이것을 열심히 하고 있어요", "이것만은 누구에게도 지지 않아요"라는 말할 만큼 특정 분야에 자신 있어 한다면 그 부분을 의식적으로 칭찬하는 것이 바람직하다.

예를 들어, 기계 조립을 좋아해 늘 컴퓨터 같은 기계에 대해 말하고 다니는 B라는 남성이 있다고 해보자. B씨는 기계 이외의 다른 일에는 전혀 흥미가 없다. 그런 그에게 "B씨 오늘 멋있어요. 그 셔츠 잘 어울려요" 같은 말은 별로 기분 좋은 이야기가 아니다. 오히려 그는 '오늘 특별히 멋을 내지도 않았는데, 왜 칭찬을 하지? 이 사람 혹시 내 컴퓨터를 탐내고 있는 거 아니야?'라며 의심의 눈초리를 보낼 수도 있다.

B씨 같은 사람은 자신의 성능 좋은 컴퓨터나 직접 만든 홈페이지에 대해 칭찬받으면 대단히 기뻐하고 좋아한다. 예를 들어, 기계치인 M씨에게 컴퓨터 수리를 부탁받아 고쳐 주었을 때 M씨가 "역시 B씨

는 대단해요! B씨에게 부탁하길 정말 잘했네요. 컴퓨터를 고쳐서 얼마나 다행인지 몰라요. 이런 어려운 일이 생기면 또 부탁드려도 되지요?"라고 말한다면 B씨는 M씨에게 호감을 가질 수밖에 없다. M씨가 B씨의 열중하는 모습과 좋아하는 분야를 높이 평가하고 또 부탁까지 했으니 그렇지 않겠는가.

이렇게 칭찬의 포인트를 어디에 맞추느냐에 따라 당신의 호감도는 달라지게 되어 있다. 따라서 지금부터라도 상대방이 기뻐할 만한 포인트를 충분히 고려한 뒤 칭찬하도록 하자.

칭찬은 여러 사람이 모인 곳에서 한다

사람은 누구나 여러 명이 모인 곳에서 칭찬받으면 기분이 더 좋은 법이다. 그래서 현명하고 유능한 상사는 일부러 여러 사람들 앞에서 부하직원을 칭찬함으로써 다른 직원들의 사기와 의지를 자극한다.

즉, 현명한 상사는 어떤 부하직원이 업무에서 성과를 올렸을 때 "잘했어. 다음에도 기대할게"라는 말로 끝내는 것이 아니라, 부서 사람들이 모두 모인 자리에서 "여기 주목해 주세요. C씨가 A사와의 거래를 성사시켰어요. 여러분도 C씨처럼 열심히 일해 주길 바랍니다. 우리 모두 C씨의 노고에 박수!"라고 말한다.

여러 사람 앞에서 칭찬받은 부하직원은 스스로를 자랑스럽게 여기고 기분도 좋아져서 더욱 열심히 일해야겠다고 마음먹는다. 이렇듯 칭찬에 익숙한 현명한 상사 밑에서 일하는 직원들은 늘 즐겁게 열심히 생활할 뿐 아니라 일에서도 좋은 성과를 올린다.

또 다른 방법으로, 본인에게 직접 칭찬하는 대신 다른 사람을 통해 칭찬을 전달할 수도 있다. 예를 들어, A씨를 칭찬하고 싶을 때 A씨와 친한 B씨에게 "A씨를 보면 요즘 젊은이 같지 않게 일을 정말 잘

한단 말이야. 진짜 대단해. 그래서 내가 늘 고맙고 대견하게 생각하고 있지"라고 말하는 것이다. 그럼 B씨는 A씨를 만나서 "부장님이 너를 굉장히 많이 칭찬하던데. 좋겠어"라고 말할 것이다. 이 말을 들은 A씨는 부장에게 직접 칭찬받는 것보다 기분이 더 좋아져서 부장에게 많은 호감을 가지고 일도 열심히 할 것이다.

이렇게 제삼자를 끌어들려 상대방을 칭찬하는 일은 칭찬받는 상대를 더욱 기쁘게 만들 뿐 아니라 당신의 호감도를 높이는 데 매우 효과적이다. 당신도 이런 방법들을 적극적으로 활용해 보면 좋을 것이다.

015
소지품으로 그 사람의 감각을 칭찬한다

　칭찬하는 일에 익숙하지 않은 사람은, 일단 상대방의 소지품부터 칭찬하는 연습을 해보자. 사람은 누구나 자신의 소지품에 대한 칭찬의 말을 들으면 기분이 좋아진다. 특히 그 소지품이 자신이 아끼거나 마음에 들어 하는 것이라면 더더욱 기분이 좋아지고, 칭찬에 기뻐한다. 즉, 칭찬을 받은 것은 소지품이지만, 마치 자기 자신이 칭찬받은 듯한 느낌을 받는 것이다. 게다가 자신의 감각까지 칭찬받았다는 느낌도 들어 우쭐해지게 마련이다.

　따라서 소지품을 칭찬할 때는 상대방의 감각까지 띄우는 듯한 뉘앙스를 풍긴다면, 그 순간 당신은 호감 가는 사람이 될 것이다.

　예를 들어 "그 넥타이 멋있는데요", "셔츠 참 근사한데요" 정도에서 끝내는 것이 아니라 "그 넥타이 멋있는데요. 참 잘 어울려요", "셔츠 참 근사한데요. 당신이니까 소화할 수 있는 멋진 디자인이에요. 정말 멋져요"라고 덧붙여 말한다면, 넥타이나 셔츠를 칭찬하는 동시에 그 사람의 감각까지도 띄우는 효과를 가져올 수 있다.

　여기서 하나 주의해야 할 점은, 소지품을 칭찬할 때는 브랜드 같은 물건의 객관적 가치를 언급해서는 안 된다는 것이다. "그 브랜드의 넥타이가 멋진 편이지요", "그 넥타이 좋은데요. 얼마 전에 보니까 탤런트 ○○도 하고 나왔더라고요"라고 말한다면, 이는 상대방의 감각보다는 브랜드 자체를 칭찬하는 것이기 때문에 주의해야 한다. 이런 말을 들으면 오히려 불쾌하게 생각하거나 기분 나빠하는 사람들이 많다는 사실을 잊지 말자.

따라서 소지품을 칭찬할 때는 상대방을 칭찬하고 있다는 의식이 제일 중요하므로 상대를 미리 파악해 두는 것이 더 효과적이다.

016
마음을 전달하기 위한 칭찬은 구체적으로 해야 한다

　상대방을 칭찬할 때는 무엇에 대해 칭찬하고 있는지를 구체적으로 말해야 한다. 그렇지 않으면 그 칭찬의 의미가 제대로 전달되지 않을 수도 있다. 예를 들어, 요즘 젊은 여성들은 무엇을 봐도 "와, 멋지다!"라고만 말하기 때문에 어디가 어떻게 멋있는지를 전혀 알 수가 없다.

　따라서 상대방을 칭찬할 때는 무엇이 어떻게 좋고 잘했는지를 구체적으로 말해야 상대의 기쁨도 커지고 당신의 호감도도 높아진다. 즉, 구체적인 칭찬을 들은 상대방이 '이 사람은 나를 지켜보고 있구나' 라는 느낌을 가지게 되어 더욱 감동하는 것이다.

　지금까지 누구를 칭찬할 때 "멋있다!", "대단해!", "좋아요"처럼 모호하게 말했다면, 이제부터라도 조금 더 깊이 생각해 구체적인 말들로 칭찬을 해보자. 그렇다고 특별히 과장되게 말할 필요는 없다. 상대와 대화를 나누는 중에 '좋다' 라고 느껴지는 부분이 있으면 그 점을 솔직히 표현하는 것으로도 충분하다.

　눈에 보이는 바를 그대로 표현해 "밝은 색 옷이 잘 어울려요", "머리했어요? 시원해 보여요"라고 가볍게 말한다면 상대방의 기분이 좋아질 수밖에 없다.

　이런 말을 잘할 수 있게 됐다면 이번에는 "그 옷이 진짜 잘 어울려요. 오늘 파티 분위기에 딱 어울리는데요", "어려운 문제를 짧은 시간 안에 잘 처리했어요. 이 문제를 며칠 만에 처리할 수 있었던 것은 당신에게 능력이 있다는 증거라고 생각해요", "끝까지 포기하지 않고 열심히 잘해 줬어요. 당신의 경쟁자들도 끝까지 포기하지 않은 당신의 정신력에 감탄했을 거예요" 같은 식으로 말을 조금씩 늘려가는 것이 좋다.

　칭찬은 반복하면 할수록 익숙해지고, 또 잘할 수 있게 된다. 매일 가족을 상대로 칭찬하는 연습을 한다면 다른 사람들에게 칭찬의 말을 하는 것도 그리 어렵지 않을 것이다.

017
실력을 갖추지 않으면 칭찬도 아부로 보인다

지금까지 칭찬의 효력과 그 구체적인 방법들에 대해 이야기했다. 그러나 칭찬에도 위험이 존재한다. 즉, 칭찬을 잘못하면 오히려 상대에게 미움받을 수도 있는 것이다.

따라서 어떤 사람을 칭찬할 때 다음과 같은 점에 주의해야 한다. 먼저 겉치레 말을 조심한다. 칭찬과 겉치레 말은 엄연히 다르다. 겉치레 말은 상대방의 환심을 사기 위해 하는 일종의 거짓말이다.

거짓말처럼 들리는 칭찬을 일삼는 사람은 결코 호감 가는 스타일이 될 수 없다. 따라서 칭찬할 때는 거짓이 아닌, 자신이 느낀 그대로를 솔직하게 표현하는 것이 바람직하다. 또 거짓말이 아니라 해도 상사나 선배에게 잘 보이기 위해 지나치게 칭찬만 하다 보면 자칫 아부를 잘하는 사람으로 비칠 수도 있다.

당신도 실력 없는 사람이 상사나 선배를 치켜세우는 모습을 보면 '저 사탕발림! 또 시작이군', '저 인간은 허풍쟁이인 데다 혼자서는 어떤 일도 할 수 없으니 저럴 수밖에……'라고 생각할 것이다.

뻔히 보이는 거짓말이나 아부를 계속하는 사람은 아무리 상대방을 치켜세워도 결코 호감 가는 스타일이 될 수 없다.

　타인보다 뛰어난 능력을 가진 사람은 일부러 자신을 드러내지 않아도 평소 행동이나 대화에서 그만의 능력이 두드러지는 법이다. 그런 사람이 상대방을 치켜세워야 칭찬도 의미가 있다. '저 사람은 능력이 있으면서도 잘난 척하지 않고 오히려 상대방을 치켜세우니 인품도 훌륭해'라고 인정받게 되는 것이다.

　그러므로 상대방을 칭찬하는 일은 어느 정도 실력을 갖춘 사람이 자신을 더욱 매력적으로 보이게 하는 데 효과적인 방법이라 할 수 있다.

018
연인을 칭찬하면 서로의 사랑이 깊어진다

칭찬은 연애에서도 큰 효과를 발휘한다. 남자친구와 오랫동안 사귀었으면서도 여전히 사이좋고 사랑받고 있는 여성들에게 그 비결을 물어보면 대부분 "남자친구를 늘 칭찬해요", "조금은 과장되게 칭찬하면서 남자친구의 자신감을 북돋아줘요"라고 대답한다.

남성은 여성보다 힘든 경쟁 사회에서 살고 있기 때문인지 '남들에게 인정받고 싶다', '열심히 노력하고 있다는 점을 높이 평가받고 싶다' 라는 마음을 강하게 품고 있다.

그런 남성의 마음을 잘 헤아려 남자친구를 늘 칭찬할 줄 아는 여성은 사랑받을 수밖에 없다.

어떤 일을 어떤 이유로 칭찬하든 상관없다.

"자기는 정말 박학다식하단 말이야. 진짜 대단해!"

"자기 같은 사람을 사귀다니, 나는 정말 행복한 여자야."

"오늘도 야근해? 당신은 무슨 일이든 열심히 한단 말이야. 같은 사회인으로서 그런 점은 본받아야 하는데……"

이런 식으로 사소한 일을 조금은 과장되게 칭찬해도 괜찮다.

남자친구는 말로는 "뭐, 그 정도를 가지고……"라며 겸연쩍어할지도 모르지만, 마음속으로는 대단히 흐뭇해하고 기분 좋아할 것이다. 그리고 자신의 가치를 알아주고 인정해 주는 당신을 더욱 소중하게 생각할 것이다.

이런 칭찬은 남성이 여자친구에게 해도 똑같은 효과를 가져온다.

지금 연인이 있는 여성이나 남성은 오늘부터라도 상대를 더 많이 칭찬하도록 하자.

019
칭찬은 순수하게 받아들인다

지금까지의 설명만으로도 칭찬의 중요성을 충분히 깨달았으리라 본다. 그런데 칭찬은 하는 것도 중요하지만, 칭찬을 들었을 때의 반응도 그에 못지않게 중요하다.

우리는 남에게 칭찬을 들으면 겸연쩍어서 겸손하게 대답하든가 변명하는 경향이 있다. 혹시 모처럼 멋진 액세서리를 하고 나간 날 상대방이 칭찬의 말을 했는데 "그냥 싸구려예요"라고 대답했거나, 열심히 노력한 일에 대해 인정받은 날 "대단한 일도 아닌데요"라고 말한 적은 없는가?

이런 반응은 상대방의 감정과 말을 받아들이지 않고 그대로 되돌려주는 것이기 때문에 오히려 상대방이 언짢게 느낄 수 있다.

"모처럼 칭찬했더니만……, 앞으로는 칭찬을 자제해야겠군", "칭찬한 보람도 없네"라는 반응과 감정을 이끌어내는 것이다.

또 "천만에요. 저보다 당신이 훨씬 더 근사해요"라는 말을 너무나 천연덕스럽게 하는 사람도 있다. 하지만 이것도 거짓말이나 사탕발림처럼 들릴 수 있으므로 가급적 하지 않는 것이 바람직하다.

상대방을 배려한다면, 칭찬을 들었을 때 조금 쑥스럽더라도 그 사람의 마음을 그대로 받아들여 감사의 말로 응답하는 것이 좋다.

"고마워요. 저도 개인적으로 맘에 들어 하는 액세서리예요", "감사합니다. 앞으로도 열심히 하겠습니다"라고 대답하는 것이다. 즉, 미소 띤 얼굴로 이렇게 대답한다면 칭찬한 상대와 칭찬받은 당신의 마음의 거리는 틀림없이 가까워지게 되어 있다.

020
관점을 바꾸면 칭찬할 일이 많이 보인다

칭찬을 많이 하라고 권장하다 보면 적지 않은 사람들이 "칭찬할 면이 전혀 없는 사람은 어떻게 하나요?"라는 질문을 한다.

그런 경우에는 '이 사람은 어떤 점이 장점일까?'라고 의식적으로 '좋은 점 찾기'를 시도하는 것이 좋다.

일본에서 유명한 영화평론가는 텔레비전 영화가 상영되기 전, 시청자들로 하여금 꼭 보고 싶은 마음이 들도록 흥미를 유발하는 예고편 해설을 내놓는 작업을 했다. 그런데 간혹 별로 좋지 않은 영화가 편성되면 참 곤혹스러웠다. 그렇다고 해설을 안 내놓을 수도 없는 일이라, 그는 별로 좋지 않은 영화라도 뭔가 좋은 점이 있으리라 믿고 그것을 찾아 시청자들에게 소개하곤 했다.

'나에게는 재미없어도, 시청자들은 이 부분을 재미있어 할지도 몰라.'

'스토리는 지루하지만 멋있는 의상과 건물을 보는 것만으로도 시간이 아깝지 않을 거야.'

이렇게 관점을 바꾸어 생각하면 그다지 좋지 않은 영화에서도 하나 이상의 좋은 점을 찾을 수 있었다고 한다.

　사람도 마찬가지다. 어떤 사람이든지 반드시 좋은 점 하나씩은 가지고 있게 마련이다. 게다가 사람들은 대부분 거북한 상대를 만나면 그 사람의 나쁜 점만 집중해서 보기 때문에 칭찬할 면을 찾지 못한다.

　따라서 사람을 바라보는 관점을 바꾸는 것이 상대방을 좋아하게 되는 첫걸음이 될지도 모른다. 그렇게만 된다면 상대방도 나에 대한 태도가 바뀌어 둘 사이의 관계가 좋은 방향으로 나아갈 수 있다.

제3장

다른 사람에게
양보하라

호감 가는 사람의 공통점은 바로 '겸허함'을 가지고 있다는 것입니다. 그런 사람들은 대부분 어떤 영광이라도 상대에게 돌려야 한다고 생각하기 때문에 행동과 말도 늘 조심스럽습니다.
다른 사람의 기분 따위는 아랑곳하지 않는 뻔뻔스런 사람이 많은 요즘, 이런 겸허함은 한층 더 빛을 발합니다.
젊었을 때는 자신이 돋보였으면 하는 마음을 가지는 것이 당연합니다. 하지만 상대방을 뒤로 밀치고 자신만 앞으로 나가길 바라는 사람은 미움 받을 수밖에 없습니다.
처음부터 완벽하게 겸허할 수는 없습니다. 조금씩이라도 좋으니 다른 사람들에게 양보하는 습관을 들이는 것이 겸허함이 몸에 배는 첫걸음입니다. 그리고 매일 조금씩 겸허함이 쌓이면 어느 순간 당신은 정말 멋진 사람이 되어 있을 것입니다.

021
사람을 즐겁게 만드는 비결이 필요하다

느낌이 좋고 호감 가는 사람이 대화하는 모습을 보면, 자신의 이야기를 많이 하지 않는다는 점을 알 수 있다. 즉, 주변 사람들이 좋아하고 깜짝 놀랄 만한 경험과 경력을 가진 사람임에도 결코 자신을 드러내는 말을 먼저 꺼내는 법이 없다.

예를 들어, 당신의 가족이 모두 서울대 출신이라고 하자. 그런데 어떤 친구가 "내 동생이 서울대에 합격했어. 오늘은 내가 한 턱 낼게"라고 자랑을 늘어놓았다면 당신은 뭐라고 대답하겠는가?

"어, 그래? 우리 가족도 모두 서울대 나왔는데"라고 사실을 말하겠는가? 아니면 굳이 사실을 밝히지 않은 채 "와, 잘됐다. 정말 축하해"라며 진심으로 축하의 말을 건네겠는가?

이런 경우 호감 가는 사람들은 대부분 자신의 가족 이야기를 하지 않는다. 만일 당신의 가족이 모두 서울대 출신이라는 사실을 그 자리에서 밝힌다면, 동생이 서울대에 합격해 기뻐하던 친구는 불쾌한 감정을 가질지도 모른다.

한마디로 호감 가는 사람은 상대방의 반응과 감정을 민감하게 배려하고 살핀다.

사실 가족이 모두 서울대 출신인 정도면 자기가 직접 일일이 말하지 않아도 금세 소문이 나게 되어 있다. 즉, 진짜 능력 있고 실력을 갖춘 사람은 굳이 스스로 말하지 않아도 주위에서 자연스럽게 높이 평가해 주는 것이다.

"나는 대단한 사람이야"라는 뉘앙스의 말을 자주 하는 사람은 남의 관심과 존경을 간절히 바라지만 실은 실력이 부족하며, 그 부족함을 채우기 위해 일일이 자랑하고 다니는 것이다. 이런 말을 듣는 사람의 처지에서는 그 속마음을 다 눈치 챌 수 있기 때문에 불쾌해질 수밖에 없다.

아무리 자신의 능력을 자랑하고 싶다고 해도 이제부터는 꾹 참도록 하자.

022
자신의 결점은 타인의 눈에 잘 보인다

남에게 미움받는 사람들은 대부분 남의 결점은 잘 지적하면서도 자신의 결점은 대수롭지 않게 여긴다.

그런데 사람은 누구나 자기를 제일 잘 아는 건 자신이라고 생각한다. 그렇다면 혹시 남에게 미움받는 사람은, 자신에 대해 잘 알고 있는 듯하지만 실제로는 제대로 모르고 있는 것은 아닐까? 자기 자신을 제대로 몰라서 남들이 생각하기에 별것 아닌 듯한 취미를 마구 자랑한다든지, 다른 사람이 싫어하는 것들에 대해 이야기를 늘어놓는 것은 아닐까? 이런 유형의 사람들은 남들에게 "쟤는 문제가 좀 있어" 같은 그다지 좋지 않은 평가까지 듣고 있는 경우가 대부분이다.

반면, 호감 가는 사람은 자기 자신에 대해 잘 알고 있다. 즉, 자신의 결점을 애써 외면하거나 그것에서 눈을 피하려 하지 않는다. 그리고 자신이 완벽한 인간이 아니라는 사실을 잘 알기 때문에 남에게 늘 겸허한 자세로 다가선다.

자기 자신을 알 수 있는 가장 좋은 방법은 타인의 도움을 받아 그의 눈에 내가 어떻게 보이는지를 파악하는 것이다. 물론 가까운 사람에게 물어보는 것이 제일 좋다. 즉, 애인이나 친한 친구에게 나의 장점과 단점을 물어보는 것이다.

이런 일 자체가 큰 용기를 필요로 하긴 하지만, 그들의 이야기를 듣다보면 스스로 느끼지 못했던 자신의 모습을 알 수 있다. 만일 애인이나 친구에게 물어볼 자신이 없다면, 학교 선배나 선생님 등 존경하는 사람에게 물어보는 것도 한 방법이다.

자신의 장점과 단점에 관한 이야기를 들을 때는 있는 그대로를 솔직하게 받아들이고 반성하는 마음을 가져야 한다. 지금까지 살아오면서 알게 모르게 남에게 신세를 졌다는 사실을 아는 사람은 어떤 상황에서든 겸허함을 잃지 않는다.

당신은 스스로를 돌아볼 줄 아는가? 만일 그렇다면 그 겸허함이 당신의 호감도를 높여줄 것이다.

023
뛰어난 사람일수록 겸허하다

〈성경〉을 보면 '신은 거만한 사람을 피하고, 겸손한 사람에게 은혜를 베푼다' 라는 구절이 나온다. 우리 속담에도 '벼는 익을수록 고개를 숙인다' 라는 말이 있다. 이 말들은 모두 성공한 사람일수록 겸허하게 자기 자신을 돌아봐야 한다는 뜻이다.

일본의 다도(茶道)에는 다실에 들어갈 때 '니지리 구치(66센티 정도 높이의 문)' 라는 작은 문으로 고개를 숙이고 몸을 구부린 채 들어가는 관례가 있다. 이 관례는 지위나 자존심이 아무리 높고 자신만만하게 살아온 사람이라도 니지리 구치라는 작은 문을 통과함으로써 세속의 것들을 떨치고 겸허한 마음을 찾도록 한다는 데서 유래됐다고 한다.

또 한편으로는 아무리 인망 높은 무사라 해도 허리에 검을 차고 다실에 들어오는 것을 금했기 때문에 다실은 화합의 장소로 이용되었으며, 그만큼 입구에서부터 마음을 정갈히 하라는 의미에서 유래됐다고도 한다. 결국 이 작은 문은 사람다운 마음을 일깨우기 위한 하나의 관문이라 할 수 있다.

이런 마음 자세가 사람과의 관계에서도 반드시 필요하지 않을까?

인생이 순조롭게 자신이 원하는 대로만 흘러간다면 긴장감이 사라져 어느새 마음에는 교만함이 가득차고, 다른 사람을 생각하는 배려심도 옅어지고 말 것이다.

어쩌면 당신 주변에도 그런 사람이 있을지도 모른다. 사업에 성공한 이후 전과 다르게 거만해지고, 상대방을 눈 아래로 깔보는 듯한 언행을 일삼는 사람 말이다. 이런 사람은 어느 누구에게도 절대 호감 가는 스타일이 될 수 없다. 그리고 긴 안목으로 보면, 사회생활에서 중요한 인맥을 넓히지 못하고, 그 결과 생각지도 못한 실패나 좌절을 경험할 수 있다.

호감 가는 사람은 아무리 성공해도 자신을 뽐내거나, 타인을 무시하는 언행 따위는 절대로 하지 않는다. 오히려 성공하면 할수록 더 겸허해져서 자신의 성공을 타인에게 되돌려준다.

024
좋은 일 뒤에 따라오는 교만함에 주의한다

사람은 누구나 좋은 일을 하고 난 다음에는 거들먹대기 쉽다. "나는 ○○을 해주었다"라는 교만함이 자연스럽게 생기기 때문이다.

이런 이야기를 들은 적이 있다. 지하철 안에서의 일이다. 어떤 남성이 아기를 업은 아주머니에게 자리를 양보했다. 그런데 그 아주머니는 자기가 앉는 대신, 옆에 있던 중학생 정도의 아이를 그 자리에 앉히는 것이 아닌가!

자리를 양보한 남성은 '저 학생이 아닌, 아이를 업고 있는 아주머니에게 자리를 양보한 건데……'라는 생각에 기분이 좀 상했다. 그런데 그들의 모습을 유심히 보니, 자리에 앉은 학생은 눈이 불편해 앞을 잘 보지 못했다.

그때서야 자리를 양보한 남성은 그 아주머니가 학생에게 자리를 양보한 이유를 알았고, 한순간이나마 아주머니의 행동을 불쾌하게 받아들였던 자신을 반성했다.

이 이야기를 듣고 '나에게도 그런 비슷한 경험이 있지'라고 생각하는 사람들이 적지 않으리라 본다. 이 짧은 이야기만으로도 우리는 일방적인 자기 생각이나 기준만으로 상대방을 믿지 않거나 불만을 품는 경우가 많다는 사실을 알 수 있다.

누구에게나, 눈앞의 사실을 자신의 기준이나 생각만으로 판단한 뒤 자신에게 이롭게 해석하고 예측하는 일은 비교적 흔하다. 그리고 그 기대가 예상을 빗나가거나 틀리면 쉽게 불평불만을 품는다.

일방적인 자신의 기준으로 판단해 생긴 불평불만은 모두 자신의 마음이 만들어낸 결과이다. 늘 겸허한 마음을 잊지 말고, 타인에게는 타인의 입장과 기준이 있음을 명심해야 한다.

025
아름다운 여성일수록 겸허해야 하는 법이다

겸허한 마음은 연애에서도 무척 중요하다. 특히 인기가 많은 여성은 남성 앞에서 자신도 모르게 겸허함을 잃곤 하는데, 이렇듯 남성의 성의를 무척이나 당연하게 여기는 여성은 인기가 떨어질 수밖에 없다. 어떤 남성이든지 자신의 정성과 마음을 제대로 평가해 주는 여성을 좋아하기 때문이다.

여대생 K양은 뛰어난 미모에 스타일도 좋아서 늘 많은 남성들에게 데이트 신청을 받았다. 그래서인지 K양은 남성들이 떠받들어 줄 때마다 겸허함을 잃고 늘 도도하게 행동했다.

"데이트 할 때는 남자가 돈을 내야죠."

"아무리 멀어도 집 앞까지 바래다주는 것이 당연하지 않나요?"

K양은 이런 식으로 남성들이 해주는 것들을 모두 당연하게 여겼다.

그런 K양에게 좋아하는 사람이 생겼다. 동아리 선배인 M씨였다. 어느 날 K양은 M씨를 찾아가 당당하게 데이트를 신청했다. 늘 인기가 많은 K양이었기에 M씨가 당연히 자신의 데이트 신청을 기쁘게 받아들이리라고 생각하면서 말이다. 그러나 M씨의 대답은 K양의 예상을 완전히 빗나갔다.

"나는 누구에게나 겸손하고, 남을 배려할 줄 아는 여성을 좋아합니다. 미안하지만 당신처럼 남성의 성의를 잘 몰라주는 여성에게는 관심이 없습니다."

K양은 인기가 조금 있다고 잘난 척하던 자신을 반성했지만, 이미 기차는 떠나버린 뒤였다.

겸허함을 잃은 채 남의 마음을 배려하지 않는 여성은 아무리 아름다워도 절대 호감 가는 스타일이 될 수 없다.

인기가 있을수록 더욱더 겸허한 마음을 가져야 하는 것이다.

026
마음의 화살을 버리면
두 사람의 거리는 가까워진다

"작은 일로 웃기도 울기도 합니다."
"다른 사람이 하는 일은 사사건건 다 눈에 거슬려요."

이런 말이 남의 이야기 같지 않은 사람이라면, 오늘부터 짜증나는 일이 있어도 상대방을 관대하게 대하는 연습을 하도록 하자.

예를 들어, 전철 안에서 발을 밟혔는데 상대방이 사과를 하지 않을 때 당신이라면 어떻게 하겠는가? "사과해!"라며 상대방을 질책하지는 않는가?

지금까지 대뜸 화부터 냈던 사람이라면 이제부터는 '나도 주의하지 못했으니까'라고 생각을 바꿔, 먼저 "미안해요"라는 말을 건네도록 하자. 그럼 상대방도 "저야말로 죄송합니다"라고 솔직하게 사과할 것이다. 그렇게 된다면 서로에게 불쾌한 감정이 쌓일 이유가 전혀 없다.

호감 가는 사람은 늘 정서적으로 안정되어 있다. 그래서 갑작스런 일이 발생해도 변함없이 침착하고 어지간한 일에는 동요도 하지 않는다. 그리고 나쁜 일은 빨리 잊어버리고, 늘 기분 좋은 상태를 유지함으로써 주변 사람들을 편안하게 만든다.

반대로, 작은 일에 금방 화를 내거나 우는 사람은 '상대하기 거북한 사람'이라는 인식을 심어주어 따돌림받게 된다.

석가모니는 다음과 같은 말을 남겼다.

"성인이나 범부나 똑같이 화살을 맞는다. 그러나 범부는 제1의 화살에 이어 제2의 화살도 맞는 데 반해, 성인은 제2의 화살은 맞지 않는다."

앞의 예로 설명을 덧붙이자면, 지하철 안에서 발을 밟히고 '아프다'라고 느끼는 감정은 제1의 화살로, 이는 성인이나 범부나 마찬가지다. 그러나 성인은 범부와 달리, 그 다음에 화를 내며 싸우는 제2의 화살을 맞지 않는다. 호감 가는 사람 역시 이런 성인 같은 행동을 자연스럽게 해낸다.

당신의 마음속에 화살이 있다면 지금 당장 버려라. 무슨 일이 생겨도 상대방을 용서하는 관대한 사람에게 호감이 가는 것은 당연하다.

지나친 욕심은 소중한 것을 잃게 만든다

인간을 제외한 다른 동물들은 모두 식욕과 성욕을 자연의 법칙에 의해 조절받는다. 즉, 배부르게 먹은 사자는 눈앞에 맛있는 먹잇감이 있어도 더이상 사냥을 하지 않는다.

이에 비해 인간의 욕망은 끝이 없다. 어느 정도 배가 불러도 맛있어 보이는 음식이 있으면 무리해서라도 먹거나 먹고 싶다는 생각을 하는 것이다.

예를 들어, 돈이 필요한 사람에게 10만 원을 준다. 그리고 또 10만 원을 준다. 이럴 경우 대부분의 사람들은 "이제 더 이상 필요 없어요"라는 말을 결코 하지 않은 채 계속해서 돈을 받으려 한다. 이것이 바로 인간의 본성이다.

그런데 이런 본성을 있는 그대로 드러내면서 체면 따위는 아랑곳하지 않은 채 욕심을 부리는 사람은 결코 호감 가는 스타일이 될 수 없다. 지나치게 욕심을 부리는 것은 품위 없어 보일 뿐 아니라, 비천한 사람이라는 인식을 심어줄 수 있기 때문이다.

간호사 C양은 지나치게 욕심을 부리다가 애인에게 버림받고 말았다. C양은 애인에게 크리스마스 선물로 커다란 꽃다발을 받았다. 애인은 며칠 전부터 크리스마스를 위해 C양이 제일 좋아하는 장미꽃다발을 준비했던 것이다.

그런데 이 선물을 받은 C양은 만족하지 못한 듯 이렇게 말했다.

"뭐야, 꽃다발뿐이야? 명품 가방을 받고 싶었는데……."

C양이 좋아할 줄 알았던 애인은 무척 실망했고, 더욱이 명품 가방을 사달라고 조르는 C양의 뻔뻔함에 그동안의 애정도 완전히 식어 버렸다. 명품 가방 하나 때문에 C양은 사랑하는 애인을 잃은 것이다.

당신도 혹시 남에게 뻔뻔한 사람으로 인식되어 있지는 않은가? 만일 "그렇다"라고 한다면 지금부터 절제하는 마음을 키우는 연습을 해야 할 것이다.

028
상대를 변화시키려고 하면 싫어한다

자신의 의견이나 이기심을 자제하고, 타인을 배려하는 것은 매우 가치 있는 일이다. 그중에서도 가장 가치 있는 일은 상대방을 자신이 원하는 대로 바꾸려 하지 않고, 있는 그대로 받아들이는 것이다.

우리는 모두 자신만의 기준을 정해놓고 자신의 가치관에 따라 하루하루를 살아간다. 그렇다 보니 어느 순간 자신의 생각과 행동이 올바르다는 고정관념을 갖게 되었다. 담배를 피우지 않는 사람이 흡연자에게 안 좋은 감정을 가지는 경우가 대표적인 예다.

각 가정에서도 부부, 부모와 자식, 시어머니와 며느리가 각자 자신의 기준과 가치관만을 내세우는 바람에 갈등을 빚는 경우가 종종 있다.

사람이 모이면 의견 충돌은 당연하다. 별 충돌 없이 원만해 보이는 사람들은 누군가 양보를 하기 때문에 사고 없이 지나가는 것이다.

호감 가는 사람은 늘 상대방의 사고방식을 있는 그대로 받아들인다. 그렇다고 그들이 자신의 주장이나 가치관을 갖고 있지 않은 것은 아니다. 단지 전면에 내세우려 하지 않을 뿐이다.

또 호감 가는 사람은 상대방에게 문제가 있는 경우에도 화를 내거나 명령하지 않는다. 오히려 상대방의 의견을 들어주면서 자신의 생각을 침착하게 전달하는 것으로 문제를 해결하려 한다.

이렇게 남을 억지로 바꾸려고 하지 않는 사람과 함께 보내는 시간은 늘 즐겁고 편안하다. 그래서 이런 유형의 사람이 인기가 높고 많은 친구들이 그를 찾는 것이다.

"사람은 모두 각자의 가치관을 가지고 있으므로, 상대를 억지로 바꾸려는 언행은 어리석을 따름이다."

이렇게 말할 수 있는 사람은 십중팔구 누구에게나 호감받는 스타일이다.

시간의 여유가 마음의 여유를 만들어낸다

늘 바쁜 사람은 주위 사람들까지 피곤하게 만든다. 약속을 하면 헐레벌떡 뛰어오기 일쑤이고, 일도 마감 직전에서야 급하게 해대기 때문에 정서적으로도 안정되어 있지 못하다.

언제나 시간에 쫓겨서 "빨리 빨리", "마감 시간에 늦을지도 몰라" 같은 말들을 입버릇처럼 하는 사람이다 보니 남들에게 호감 가는 스타일이 될 수도 없다.

반면, 늘 여유를 가지고 행동하는 사람은 남들에게 좋은 인상을 심어준다. 시간에 여유가 있으면 마음에도 여유가 생기기 때문에 그들은 타인에게도 "먼저 하세요"라는 말을 할 수 있는 너그러움과 여유로움을 지니고 있다. 그만큼 사람들에게 상냥하고, 어떤 일을 하든지 느긋하고 편안해 보인다.

어떤 사람에게 짜증을 내거나 그와 싸우는 것은 대부분 아주 사소한 문제에서 비롯된다. 별것 아닌 문제가 생겼을 때 마음의 여유가 없는 사람은 자신도 모르게 상대방을 배려하는 마음을 잊은 채 자기 중심적인 말과 행동을 하게 된다. 그래서 문제가 커지고 마는 것이다.

마음의 여유를 가지고 상대방을 먼저 배려할 줄 아는 사람이 되기 위해서는 제일 먼저 시간적 여유를 가지고 생활하는 태도가 몸에 배야 한다.

당신은 지금 시간적으로 여유를 가지고 마음 편하게 생활하고 있는가? 만일 늘 바쁘고 시간에 쫓기고 있다면 오늘부터 생활 패턴을 바꿔 보도록 하자.

여유로운 미소로 상대에게 "먼저 하세요"라고 말하는 당신을 좋아하지 않을 사람은 이 세상에 단 한 명도 없을 것이다.

030
진정한 주인공은 조연도 마다하지 않는다

어떤 장소에서든 자신이 중심에 서지 않으면 불안해하고 언짢아하는 사람들이 있다. 이런 사람들은 "잠깐, 내 말 좀 들어봐", "요즘 어떤 남자가 끈덕지게 전화해서 정말 피곤해" 등 입만 열었다 하면 자신의 이야기만 늘어놓는 스타일이다.

이런 스타일은 당연히 주위 사람들로부터 호감을 사지 못한다. 자신이 주인공이 되어야 한다는 강박관념에 의해 남을 치켜세워야 한다는 생각은 아예 하지도 못하기 때문이다.

반대로, 호감 가는 사람은 주연은 남에게 양보하고 자신은 조연을 마다하지 않는다. 자신에게 화제가 돌려졌을 때도 "저, 말입니까? 덕분에 잘 해나가고 있습니다. 그것보다 D씨, 요즘 활약이 대단하시던데요" 같은 식으로 자연스럽게 주연 자리를 다른 사람에게 양보하는 것이다.

물론 사람이라면 누구나 주인공이 되어 주위의 관심을 독차지하고 싶어한다. 하지만 한자리에 모인 그 많은 사람들이 모두 주인공이 될 수는 없지 않은가? 어쩔 수 없이 누군가는 조연이 될 수밖에 없다. 멋진 조연이 있어야 주연이 기분 좋게 자신의 이야기를 할 수 있는 것이다.

그런 만큼 한 걸음 뒤에서 주인공을 돋보이게 하는 조연 같은 사람은 매력적으로 비쳐질 수밖에 없다. 이렇듯 호감 가는 사람은 자신보다는 상대에게 영광을 돌리는 말과 행동이 몸에 배어 있다.

혹시 당신은 누군가와 대화할 때마다 "내가 말이야……"라는 말을 자주 하지 않는가? 다른 사람보다 더 눈에 띄려고 상대방의 기분을 망치거나 눈살을 찌푸리게 만드는 말과 행동을 일삼고 있지 않는가?

만일 찔리는 점이 있다면 오늘부터 주연 자리는 다른 사람에게 양보하고, 자신은 조연을 맡겠다고 굳게 마음먹도록 하자.

제4장
누구에게든 성실한 자세로 임하라

성실한 사람은 성실함 하나만으로도 주위 사람들에게 호감 가는 스타일로 인식됩니다. 성실함 중에서도 가장 간단하게 남에게 호감을 주는 방법은 바로 약속을 잘 지키는 것입니다.

단, 약속은 꾸준히 지속적으로 잘 지켜야 합니다. 왜냐하면 약속을 한 번 지킬 때마다 종이 한 장 두께 정도의 신용이 쌓이기 때문입니다. 즉, 열 번 약속을 지키면 종이 열 장 두께만큼의 신용이 쌓이는 것입니다. 따라서 약속을 많이 지키면 지킬수록 그 사람은 "신뢰할 수 있는 사람이야!"라는 말을 듣게 됩니다.

이렇게 비록 작지만 효과적인 성실함을 차곡차곡 쌓아가다 보면 어느새 당신의 매력도 점점 깊어질 것입니다.

031
작은 약속이 큰 신뢰를 이룬다

호감 가는 사람이 되기 위해서는 타인과의 약속을 지키는 일이 무엇보다 중요하다. "당연하지 않나요?"라고 말하는 사람들도 분명 있을 것이다. 그만큼 우리는 큰 약속들을 잘 지키기 위해 노력하고 있기 때문이다.

그렇다면 사소한 약속들은 어떤가? 예를 들어, 친구들과 함께 찍은 사진을 "나중에 인화해 보내줄게"라고 약속한 뒤 그냥 잊고 지낸다든지, 친구에게 커피 값을 빌리고는 갚지 않는다든지, 습관적으로 약속 시간에 10~20분씩 늦는다든지 하지는 않는가? 사소하다는 이유 하나만으로 '뭐 괜찮겠지'라는 생각에 약속을 미루거나 잊고 지내는 것은 아닌가?

사소한 약속의 말을 들은 상대방도 대부분 '뭐, 어쩔 수 없지'라는 생각에 약속을 지키라고 추궁하거나 안달하지 않는다. 하지만 약속을 지키지 않는 사람에 대해서는 별로 좋지 않은 감정이나 인상을 갖게 된다. '이 사람은 확실하지 못한 사람이구나'라고 생각하는 것이다. 그리고 그 사람이 작은 약속들을 계속 지키지 않으면 그에 대한 불신감이 더욱 깊어지게 된다. 한마디로 좋지 않은 이미지로 기억되는 것이다.

이런 점 때문에 어떤 약속이든지 잘 지키면 '성실한 사람이구나'라는 좋은 이미지를 갖게 될 뿐 아니라 무척 호감 가는 스타일로 비쳐진다.

처음부터 지킬 마음만 있다면 작은 약속을 실천하고 실행하는 일은 그다지 어렵지 않다. 그만큼 작은 실천 하나만으로도 당신의 호감도는 높아지게 되는 것이다. 반면, 약속을 잘 지키지 않는 사람은 자신의 이미지에 큰 타격을 입을 수밖에 없다.

오늘부터 작은 약속이라도 반드시 지키는 성실한 사람이 되자. 그러한 성실한 태도는 당신의 인간관계를 밝게 만들어 줄 것이다.

032
타인의 시간도 소중하게 여긴다

우리는 대부분 타인의 시간에 대해서는 별로 의식하지 않는다. 그래서 약속 시간에 항상 늦는다든지, 이메일에 대한 답장을 빨리 보내지 않는다든지, 그냥 수다나 떨기 위해 사람을 불러낸다든지 하는 일로 상대방의 시간을 빼앗곤 한다.

이런 일을 자주 반복하는 사람은 의식하지 못할 수도 있지만, 이는 상대방의 시간을 낭비하는 것이나 마찬가지다.

이렇게 타인의 시간을 낭비하는 사람은 결코 호감 가는 스타일이 될 수 없다. '그 친구는 늘 자기 입장만 생각해', '난 그리 한가한 사람이 아닌데……'라는 생각이 들게끔 만들기 때문이다.

한두 번 정도는 큰 영향을 미치지 않겠지만, 이런 일들이 차곡차곡 쌓이다 보면 당신에 대한 평가는 점점 떨어질 수밖에 없다.

따라서 호감 가는 스타일이 되고 싶다면 어떤 약속이든지 시간에 늦지 말아야 하며, 쓸데없이 수다를 떨기 위해 사람을 불러내는 일 따위는 하지 말아야 한다. 이런 일들은 마음만 먹는다면 실천이 그리 어렵지 않다.

요즘 젊은이들은 시간개념이 별로 없다는 말을 자주 듣는다. 휴대전화로 연락해 "조금 늦을 것 같아. 먼저 가 있어"라고 간단히 말할 수 있기 때문인지도 모른다. 이런 상황일수록 타인의 시간을 존중하고 소중하게 생각하는 사람은 호감 가는 스타일이 될 뿐 아니라 성실한 사람이라는 이미지를 강하게 심어줄 수 있다.

따라서 지금부터는 '조금 늦어도 괜찮겠지'라는 사고는 버리고, 작은 약속이라도 성실히 지키도록 노력하자. 또한 자신을 위해 시간을 내주는 상대방의 행동을 당연하게 여기지 말고 그에게 감사하는 마음을 갖도록 하자. 이런 작은 마음이 당신의 호감도를 높여줄 뿐 아니라 이미지에도 큰 영향을 미칠 것이다.

카멜레온 스타일은 아무도 좋아하지 않는다

상대에 따라 말과 행동이 달라지는 사람들이 있다. 어쩌면 당신 주위에도 상사에게는 굽실대면서 부하직원이나 후배에게는 오만한 남성, 또 잘생기고 돈 많은 남성에게는 상냥하면서 별 볼일 없어 보이는 남성에게는 차가운 여성이 있을지도 모른다.

이런 사람들은 언젠가 주위 사람들에게 멸시당하고 말 것이다. 왜냐하면 자기 밥그릇 챙기는 일에만 관심이 있을 뿐, 타인에 대한 배려나 성실함을 전혀 찾아볼 수 없기 때문이다.

게다가 이런 사람들은 주변에서 "뭐야, 자기에게 도움될 것 같은 사람에게만 상냥하다니……. 저렇게 매번 바뀌는 말과 행동 때문에 이제는 그를 전혀 신뢰할 수 없어"라는 소문이 들려도, 정작 본인은 별일 아니라며 그냥 넘기곤 한다. '너희들의 마음이나 생각 따위는 상관없어'라고 무시하면서 말이다.

D양도 상대에 따라 태도가 바뀌는 사람이었다. 그녀는 자신의 출세에 영향력을 미칠 만한 상사에게만 잘했기 때문에 동료들에게 많은 미움을 받았다.

그런 D양에게 청천벽력 같은 일이 생기고 말았다. 그녀가 늘 무시하던 동료가 사실은 사장의 친척이라는 사실이 밝혀졌던 것이다. 이 사실을 알게 된 D양은 새삼스럽게 그 동료에게 잘하려 노력했지만, 이미 때는 늦고 말았다.

D양은 능력 있는 직원이었다. 그러나 상대에 따라 말과 행동이 달라졌기 때문에 많은 사람들은 좋지 않게 보았고, 결국 자신이 그토록 원하던 출세도 할 수 없었다.

요즘에는 D양처럼 자신에게 별로 도움될 것 같지 않은 상대에게는 불친절, 불성실한 사람들이 무척 많다.

호감 가는 스타일이 되고 싶다면 상대가 누구든 상관없이 늘 한결같은 성실한 말과 행동을 보여주는 것이 무엇보다 중요하다. 이런 사실을 마음속 깊이 새겨두고, 사람을 만날 때마다 한결같은 성실한 태도를 보여주도록 노력하자.

034
허점을 보여주면 친근감이 생긴다

늘 깔끔하게 정장을 차려입고, 일도 잘하며, 어디로 보나 빈틈이 없어 보이는 사람은 의외로 타인에게 호감을 주지 못한다. 대부분의 사람들은 이렇게 완벽한 상대를 볼 때마다 '왠지 말 걸기가 불편해', '나 같이 실수투성이인 사람이 먼저 말을 걸면 본전도 못 뽑을 것 같아' 라는 생각이 들기 때문이다.

일도 열심히 잘하고, 상대에게도 성실한 태도를 보이려고 노력하는데도 마음을 열고 대화할 친구가 없는 사람들은 대부분 이처럼 가까워지기 힘든 분위기를 지니고 있을지도 모른다.

치과 여의사인 S씨는 자신이 이런 분위기를 풍긴다는 사실을 깨닫고 의식적으로 상대에게 허점을 보이기 위해 노력하는 사람이다.

S씨는 치과의사라는 직업 때문에 늘 머리가 좋다거나 부자일 것이라는 오해를 받을 뿐 아니라, 사람들이 자신에게 친근감을 느끼지 못한다는 사실을 깨달았다. 게다가 얼굴도 예쁘고 옷도 화려하게 입는 편이라 새로운 친구를 사귀는 일이 더욱 어려웠다.

그런데 사실 이렇게 완벽해 보이는 S씨에게도 약점이 있었다. 지방 출신이라 의식하지 않으면 심한 사투리가 나오는 것이었다. 그녀는 자신이 사투리를 쓴다는 사실이 부끄러워서 그동안 애써 숨기고 있었다.

    그러던 어느 날, 마음먹고 사람들 앞에서 사투리를 사용했다. 그러자 주위 사람들의 반응이 확 바뀌었다. 심지어 처음 만난 사람들은 "S씨, 지방 출신이었어요?"라며 적극적으로 말을 걸어오기 시작했다.

    첫인상이 무척 도회적인 데다 쿨해 보이는 S씨가 사실 지방 출신이고, 홀로 서울에 올라와 열심히 살고 있다는 사실을 알게 된 사람들은 그녀에게 친근함을 느끼고 가까워지고 싶어했다.

    이렇듯, 원래 성실한 성격이었던 S씨는 허세를 벗어던지고 자신의 약점을 그대로 드러냄으로써 많은 사람들에게 호감 가는 스타일로 변신할 수 있었던 것이다.

035
실패를 인정하는 사람만이 성장할 수 있다

　무슨 일이든 결국 남의 탓을 하는 사람들이 있다. 이런 사람은 남을 치켜세우는 일에는 전혀 관심이나 흥미가 없으며, 오직 자기 자신을 지키기 위해 필사적이다.
　혹시 일을 하던 중 실수를 지적당했을 때 당신은 자신의 잘못을 솔직하게 인정하는 편인가?
　이럴 때 만일 "과장님께서 잘못 지시하신 것 아닌가요?", "무슨 말씀이신지는 알지만 너무 바빠서 그랬어요" 같은 변명을 늘어놓는다면, 주위 사람들은 '무슨 일을 하든지 변명을 늘어놓는군. 정말 미덥지 못한 사람이야' 라며 어이없어 할지도 모른다.
　이런 경우, 호감 가는 사람은 먼저 "죄송합니다"라는 말로 자신의 실수에 대해 사과한다.
　요즘 아이들은 학교 선생님이 "왜 지각했어?"라고 물으면 "엄마가 일찍 깨워 주지 않아서요"라고 변명한다고 한다. 이 외에도 "주차 위반은 나쁘지만 주차장이 별로 없어서 어쩔 수 없었어요", "우리 아이가 길에서 넘어진 것은 나라에서 도로 관리를 제대로 하지 않았기 때문입니다"처럼 어떤 문제가 생기면 그 즉시 남의 탓을 하는 사람들이 적지 않다.

어린이든 어른이든, 현대를 살아가는 사람들은 대부분 자신의 책임을 전부 남의 탓으로 태연하게 돌리곤 하는데, 이런 성향을 '내 탓이 아니야 증후군'이라고 한다.

이런 유형의 사람들이 호감을 받는 경우는 결코 없다. 이번 기회에 당신은 자신의 잘못을 솔직히 반성하고 인정하는지에 대해 곰곰이 생각해 보자.

036
애인에게는 특히 더 성실해야 한다

사랑에 빠지면 자신의 생각을 우선시하기 때문에 무심코 상대방에게 성실하지 않게 말하거나 행동할 수 있다.

혹시 당신은 애인의 휴대전화나 다이어리를 몰래 훔쳐본 적이 없는가?

물론 우리는 애인이 아닌 다른 사람의 휴대전화나 다이어리를 만지는 행위를 하지는 않는다. 하지만 그 상대가 애인이라면 갑자기 그것들에 호기심이 생긴다. 그래서 애인이 자리를 잠깐 뜨면 슬그머니 휴대전화나 다이어리를 꺼내 보고 싶은 마음이 드는 것이다.

'좋아하는 사람의 모든 것이 알고 싶어서', '바람피우는지를 확인하고 싶어서' 등 휴대전화나 다이어리를 보고 싶은 이유가 분명히 있을 것이다. 하지만 당신이 그것들을 훔쳐봤다는 사실을 애인이 알 경우, 애인은 당신에게 무척 실망하고 당신을 싫어할 것이 분명하다.

"나를 못 믿어?", "아무리 애인이라도 가방을 맘대로 뒤지는 건 예의가 아니지"라는 질책을 받는 것도 당연하다. 그리고 이 일이 원인이 되어 애인에게 헤어지자는 말을 듣게 될 수도 있다.

생각해 보라, 애인이 당신의 소지품을 몰래 뒤져서 휴대전화나 다이어리를 훔쳐봤다면 당신의 기분은 어떻겠는가? 자기가 싫어하는 말과 행위를 절대 애인에게 똑같이 해서는 안 된다.

사랑을 오래토록 유지하고 싶다면 애인에게는 다른 사람 이상으로 성실한 태도를 보여야 한다. 거짓말 하지 않기, 약속 잘 지키기, 말실수 하지 않기 등 성실함을 보여줄 만한 행위들은 무척 많다. 이런 것들이 쌓여 서로 간의 신뢰와 애정이 굳건해진다면 사랑의 관계도 지속될 수 있으리라 확신한다.

037
남에 대한 이야기는 삼가야 한다

남에 대해 소문내길 좋아하는 사람은 십중팔구 호감 가는 스타일이 아니다. 왜냐하면 그 사람이 남에 대해 이야기하는 모습을 보면 '이 친구는 틀림없이 다른 사람에게는 내 이야기를 나쁘게 할 거야'라는 생각이 들어 몹시 불쾌해지기 때문이다.

헛소문이 원인이 되어 회사에서 설 자리가 없어진 W씨가 있었다. W씨는 회사에서 누구와 누가 불륜관계 같다느니, 영업부의 누가 잘릴 것 같다느니 등등 듣는 사람의 기분까지 나빠질 만한 소문을 내고 다녔다.

주위 사람들은 그의 이야기를 흥미롭게 듣기는 했지만, 마음속으로는 일은 제대로 하지 않으면서 헛소문만 내고 다니는 W씨를 경멸하고 있었다.

그런데 어느 날 W씨가 직원식당에서 동료들에게 은밀한 목소리로 "전무 머리는 가발 같아"라고 떠벌리고 있었다. 그 순간 전무가 그의 옆을 지나갔고, 전무는 W씨가 있지도 않은 사실을 진실인 양 퍼뜨리고 다닌다는 사실을 알게 되었다.

전무는 그 자리에서 화를 내지는 않았다. 그 대신 다음 정기 인사이동 때 W씨를 다른 부서로 발령냈다. '말도 안 되는 헛소문을 퍼뜨리는' W씨의 악취미가 부서의 분위기를 해친다고 판단해 수다를 떨 수 없는 부서로 옮겨버린 것이었다.

당신도 W처럼 다른 사람들에게 근거 없는 이야기를 퍼뜨리길 즐긴다면, 오늘로서 그 즐거움을 끝내도록 하자. 그리고 다른 사람이 누군가에 대해 이상한 말을 하거나 헛소문을 퍼뜨리려 한다면 슬그머니 대화의 화제를 다른 데로 돌리도록 하자.

비록 당신은 그의 말을 듣기만 했을 뿐이라 해도 그 사람과 신나게 수다를 떨었다는 오해를 받을 수도 있으므로 주의가 필요하다.

아무튼 호감 가는 사람은 절대 헛소문을 내거나 그 말에 동조하지 않는다. 만일 어떤 소문을 내고 싶다면 듣는 사람이 좋아할 만한 주제를 선택하길 권한다.

038
부탁을 거절할 때도 상대를 배려한다

부탁받은 일에 대해 "NO"라고 대놓고 말하기는 힘들다. 성실하고 친절한 사람은 더욱 그렇다. 그렇다고 상대방의 부탁을 전부 들어주려면 몸이 몇 개라도 부족하다.

그래서 살다 보면 어쩔 수 없이 상대방의 부탁을 거절해야 하는 경우가 생긴다. 이럴 때 부탁을 능숙하게 거절하는 사람은 상대에게 서운함보다는 호감을 안겨줄 수 있다.

자신이 아무리 부탁을 들어주는 처지라 해도 상대의 기분을 무시하는 듯한 말이나 행동을 해댄다면, 인격까지 의심받게 된다. 특히 크든 작든 어떤 부탁을 거절하는 일은 상대의 희망을 꺾는 행위다. 따라서 될 수 있으면 상대에게 상처를 입히지 않을 말로 자신이 지금 부탁을 들어줄 수 없는 상황임을 전달하는 것이 바람직하다.

즉, 거절하기에 앞서 "가능하면 해드리고 싶지만……", "오랜만에 하신 부탁인데 들어드리지 못해 정말 죄송합니다"라고 구체적으로 말한다면 상대에게 상처를 주지 않으면서도 'NO'라는 자신의 의사를 전달할 수 있다.

만일 애인이 함께 여행을 가자고 하는데, 일 때문에 갈 수 없다면 당신은 애인에게 뭐라고 말하겠는가? 마음속으로는 "여행 갈 틈이 없잖아. 내가 지금 바쁘다는 사실을 자기도 잘 알면서 왜 그런 무리한 부탁을 하는 거야?"라고 말하고 싶을지도 모른다. 설령 그렇다고 해도 "와, 좋겠다. 그런데 어쩌지? 요즘 회사에 일이 너무 많아서 직원들이 모두 야근을 해야 하거든. 나만 빠져 나가면 좀 미안하잖아. 이 바쁜 일만 끝나면 정말 멋진 곳으로 여행가자. 나도 자기랑 여행가고 싶어 죽겠어"라고 말하는 것이 애인을 배려하고 애인의 기분을 좋게 만드는 방법이다.

이렇듯 상대의 부탁을 어떻게 거절하느냐에 따라 당신의 호감도가 많이 달라진다는 점을 명심하자.

039
상대방을 잊지 않고 있었음을 강조한다

오랜만에 간 동창회에서 친구들이 자기를 금방 알아보면 왠지 기분이 좋아진다. 왜냐하면 그저 그런 사이는 서로를 금방 잊어도, 자신에게 소중한 사람이거나 좋은 추억을 안겨준 사람은 오래도록 기억하게 마련이기 때문이다.

사람은 누구나 타인에게 자신의 가치를 인정받고 싶어한다. 그런 만큼 누군가가 자신을 기억해 준다면 '이 사람은 나의 가치를 인정하고 있구나' 라는 느낌을 받게 된다.

호감 가는 스타일의 사람들은 상대의 정보를 세심하게 기억하는 것으로 상대의 기분을 좋게 만드는 일에 익숙하다.

예를 들어, 부장이 일하는 도중에 "큰아이가 야구부에서 활약하고 있는데, 올해는 주전으로 뽑힐지도 몰라. 그것도 자식 일이라고 되게 긴장되더군"이라고 말했다고 해보자.

이런 경우 호감 가는 스타일은 다음에 부장을 만났을 때 정확히 기억해 둔 그 말을 대화의 화제로 끌어낸다. "큰아드님이 야구부 주전으로 뽑혔나요? 언제 시합이 있으면 말해 주세요. 저도 바람 쐴 겸

응원가고 싶어서요"라고 말한다.

　이 말에 부장이 기뻐하는 것은 당연하지 않겠는가. 그럼 부장은 '그 사람, 내 이야기를 다 기억하고 있었네'라는 생각에 더 큰 친근감을 느낄 것이다.

　당신도 호감 가는 스타일이 되고 싶다면, 상대와 관련된 정보들을 많이 기억해 둬라. 그리고 다음에 만났을 때 그 정보를 화제로 삼음으로써 상대를 깜짝 놀라게 하라. 그럼 대화 분위기가 좋아져서 더욱 친근한 관계가 될 수 있을 뿐 아니라, 당신의 호감도도 상승할 것이다.

040
성실함은 친구 사귀기의 첫걸음이다

앞에서도 강조했지만, 호감 가는 스타일의 사람은 무척 성실하다. 거꾸로 생각하면, 성실한 말과 행동의 가장 큰 장점은 상대에게 친근감을 준다는 것이다.

친근감은 서로 기분이 좋아지고 이야기가 즐거워지도록 만드는 감정인 만큼, 호감 가는 스타일이 되는 데 빼놓을 수 없는 요소다.

호감 가는 사람들은 대부분 특정인에 한정하지 않고 여러 사람과 꼼꼼히 연락을 주고받는다. 연락을 하는 행위 자체는 상대로 하여금 '이 사람은 나에게 관심을 가지고 있구나'라는 생각을 하게 만드는 중요한 매개체라 할 수 있다.

'먼 친척보다 이웃사촌이 더 낫다'라는 속담처럼, 아무리 좋아하는 사이라도 별로 만나지 못하고 연락을 자주 주고받지 못하면 각별한 감정도 식게 마련이다.

멀리에서 사는 사람과 연애를 지속할 수 없는 이유도 바로 친근감의 유지가 어렵기 때문이다. 그러므로 만일 '친해지고 싶다'라는 생각이 드는 사람이 있다면 전화번호를 받은 뒤 자주 연락을 함으로써 친근감을 유지하는 것이 중요하다.

전화 이외에도 계절이 바뀔 때마다 카드를 보내거나 상대의 생일이나 다른 기념일에 축하 메시지를 보내는 등 상대가 기뻐할 만한 행동으로도 자신의 존재를 각인시킬 수 있다. 또한 상대로부터 이메일이나 휴대전화 문자 메시지가 오면 그 즉시 연락하는 성실한 자세를 보이는 것도 매우 효과적이다.

그렇다고 하루에 몇 번씩이나 전화하고, 아무 이유 없이 선물을 마구 보내는 등 상대의 처지를 전혀 고려하지 않는 일방적인 행위는 오히려 반감을 살 수 있으니 삼가도록 한다. 즉, 자신의 기분을 상대에게 억지로 강요하는 것은 성실함과는 거리가 멀다. 이 점을 절대 잊지 않길 바란다.

제5장
늘 감사하는 마음을 가져라

호감 가는 사람은 아주 작은 것에도 감사하는 마음을 가집니다. 즉 기쁜 일에서뿐 아니라, 슬프고 괴로운 일에서도 감사할 수 있는 무언가를 찾아서 그것이 마음의 밑거름이 되도록 노력합니다.

그리고 호감 가는 사람은 고마운 마음이 들면 솔직하게 "감사합니다"라고 말합니다. 그럼 상대에게도 기쁜 마음이 그대로 전달되어 그 사람의 호감도는 더욱 올라갑니다.

우리는 이 사회에서 결코 혼자 살아갈 수 없습니다. 주위 사람의 도움과 보살핌, 자연의 은혜가 있어야만 하루하루를 무사히 살아갈 수 있는 것입니다. 이 사실을 자각하면서 감사하는 마음으로 살아가는 사람이야말로 타인에게 호감을 받을 수 있는 자격이 있다고 봅니다.

041
감사하는 이유를 말하면 기쁨이 배가된다

감사하는 마음이 얼마나 중요한지는 굳이 말하지 않아도 알 것이라 생각한다. 대부분의 사람들은 남에게 뭔가를 받게 되면 "감사합니다"라고 말한다.

그런데 호감 가는 사람이 되기 위해서는 이렇게 간단한 인사로 끝내서는 안 된다. 말로 호감도를 높일 수 있는 방법들이 많기 때문이다.

대표적인 방법으로, 감사 인사를 할 때 말 한마디를 덧붙이는 것이다.

예를 들어, 회사 여사원이 여행선물로 초콜릿을 나눠줄 때 "고마워"라는 말로 끝내는 것이 아니라 "안 그래도 요즘 초콜릿이 먹고 싶었는데, 정말 고마워" 같은 식으로 상대를 치켜세우는 말을 덧붙이는 것이다. 그럴 경우, 듣는 사람 처지에서는 자신이 신경 쓴 것을 알아준다는 생각에 뿌듯해질 수밖에 없다. 그럼 당연히 당신의 호감도도 올라가지 않겠는가.

그런데 "그렇게 상대방에게 아첨하는 듯한 말은 못하겠어요"라고 하는 사람은 어깨의 힘을 빼고 편안한 마음으로 누군가를 사귈 수 있도록 노력해야 한다.

특별히 조금 부풀려서 감사 인사를 한다고 자존심에 손상이 가지는 않는다. 오히려 아주 작은 일에 감사의 마음을 전하면 전할수록 "저 사람은 상대의 기분을 잘 아는군", "작은 일에도 감사할 줄 아는 착한 사람이네"라는 인식이 생겨 인간성 측면에서 높은 평가를 받게 된다.

이제부터 감사 인사를 할 때는 상대방의 마음 씀씀이를 칭찬하는 말을 덧붙이도록 하자. 그럼 당신의 인간성에도 깊이가 생길 것이다.

042
손으로 쓴 안부 편지의 효과는 매우 크다

혹시 예전에 신세를 진 사람이나 지인에게 해마다 감사의 마음을 담아 연하장을 보내고 있는가? 아마도 요즘 사람들은 대부분 "바쁘다 보니 연하장 쓸 시간적 여유가 없습니다"라고 변명할 것이다.

마음만 먹으면 간단하게 이메일 연하장을 보낼 수 있을 만큼 편한 세상이 됐는데도 여전히 지인에게 안부 편지를 보내는 사람은 드물다. 옛날과 비교하면 이루 말할 수 없이 편리해졌는데도 말이다. 한마디로 문제는 '하고자 하는 마음'이다.

즉, "연하장은 옛날 사람들이나 하는 고리타분한 방법이잖아요", "만났을 때 인사하면 되지, 뭐 굳이 연하장을 보내요" 같은 생각을 가지고 있으니, 간단하게 안부 편지를 쓰는 것조차 힘든 일이 되어 버린 것이다.

호감 가는 사람은 이런 일들을 결코 간과하지 않는다. 즉, 몇 년 동안 직접 만나지 못한 지인에게도 '일 년에 한 번만이라도 마음을 담아 안부 인사를 하자'라는 생각에 연하장을 보내기 때문에 그 인연이 끊어지는 법이 결코 없다.

단, 연하장을 쓸 때는 자필로 쓰는 것이 가장 효과적이다. 그럴 경우 받는 사람은 "아직도 잊지 않고 연하장을 보내 주다니, 무척 고마운 걸"이라고 생각할 테고, 그럼 당연히 당신의 호감도는 올라가게 된다.

이메일로 간단히 안부 인사를 건넬 수도 있지만, 어쩐지 사람 사는 정이 느껴지지 않는다. 즉, 그 사람의 마음은 알아도 그렇게 따뜻한 느낌이 안 드는 것이다. 그러니 올해부터는 자신이 직접 손으로 쓴 연하장을 보내는 것은 어떨까?

짧아도 좋으니 지인들에게 평소의 고마움과 안부 인사를 직접 적어 보내도록 하자. 비록 일 년에 한 번뿐이라 해도 연하장으로 인해 상대와 당신의 거리가 가까워지면 가까워졌지, 결코 멀어지지는 않을 것이다.

043
가끔 편지로 감동을 연출한다

신세를 진 상대에게 감사의 마음을 전하고 싶을 때, 과연 어떤 방법이 가장 효과적일까?

"이메일이나 전화가 좋을 것 같아요. 편지는 번거로운 데다, 지난 몇 년 동안 쓴 적이 없어서 어색하거든요"라고 말하는 사람들이 예상외로 많을 것이다.

하지만 이런 사람들에게 "자신이 인사를 받는 입장이라면, 편지와 전화 중 어느 쪽이 더 기분 좋을까요?"라고 묻는다면 당연히 대부분의 사람들이 "편지요!"라고 대답할 것이다.

이렇듯 사람은 누구나 이메일보다는 직접 쓴 편지에 더 큰 기쁨과 감동을 느낀다. 번거로운 만큼 보내는 사람의 정성과 호의가 느껴지기 때문이다.

어떤 사람이 이런 말을 했다.

"몇 년 전, 가족여행을 갔는데 호텔방 탁자에 카드가 한 장 놓여있었습니다. 저는 당연히 호텔 서비스일 것이라고 생각했습니다. 그런데 카드를 뜯어 보니, 같이 여행을 간 가족들이 저에게 감사의 인사를 적은 것이었습니다. 어찌나 감동적이고 기쁘던지, 지금도 그 카드를 간직하고 있습니다."

이렇듯 아주 친밀한 관계라 해도, 직접 쓴 편지로 마음을 전달한다면 받는 사람 처지에서는 무척 기쁘고 행복하지 않을 수 없다.

만일 평소 신세를 지는 사람이 있다면 그에게 감사의 마음을 담아 편지를 한 번 보내보자. 굳이 화려한 미사어구로 자신의 감정을 과잉되게 표현할 필요는 없다. 간단하게 '감사의 마음을 전하고 싶어서 펜을 들었다'고만 써도 충분하다.

감사의 마음을 전달하는 데 편지만큼 효과적인 수단도 없다고 본다. 게다가 사람은 자신이 누군가에게 인정받고 있다고 느껴지면 행복해한다.

직접 쓴 편지 한 통이 당신과 당신의 지인 사이를 더욱 따뜻하고 끈끈하게 만들어줄 것이다.

044
사람을 믿으면 인맥이 두터워진다

지금까지 감사하는 마음이 얼마나 중요한지에 대해 이야기했다. 특히 자신에게 힘이 되어주는 사람에게 감사하는 마음을 절대 잊어서는 안 되겠다.

살다 보면 타인의 힘이 필요한 순간이 자주 있게 마련이다. 그런데 어쩌면 타인의 힘을 전혀 빌리지 않은 채 오직 자신만의 힘으로 모든 것을 해내겠다고 결심한 사람이 있을지도 모른다.

하지만 하나 강조하고 싶은 점은, 감사하는 마음만 잊지 않는다면 타인의 도움을 받는 편이 인간관계 측면에서 훨씬 유리할 뿐 아니라, 삶을 더 편하게 살아가는 데 도움이 된다는 것이다. 실제로 호감 가는 스타일의 사람들은 타인의 도움을 받는 일에 익숙하다.

이 세상을 살아가는 우리는 알게 모르게 여러 사람의 도움을 받으며 하루하루를 지내고 있다. 비록 의식하지 못할 수도 있지만, 서로 도움을 주고받으며 살아가는 것이 인간 사회의 기본 질서인 것이다. 특히 호감 가는 스타일의 사람은 타인의 충고나 도움을 순수하게 받아들임으로써 더욱 순탄한 삶을 살아간다.

사람을 이용하는 것과 사람에게 도움을 받는 것은 전혀 다른 개

넘이다. 따라서 모처럼 도움을 주기 위해 손을 내민 상대의 호의를 냉정하게 거절하기보다 순수하게 받아들이는 편이 상대에게 더 좋은 인상을 남길 수 있다.

타인의 힘을 빌리는 것이 곧 남에게 기대어 산다는 의미는 결코 아니다. 타인의 힘을 빌림으로써 오히려 행복하고 편안하게 하루하루를 보낼 수도 있다.

'지금 도움을 받아들이면 나중에 몇 배로 갚아야 하는 것은 아닐까?'라는 식으로 남의 도움을 의심해서는 안 된다. 신뢰할 만한 사람이 도움의 손길을 내민다면, 그것을 순수하게 받아들이고 나중에 "감사합니다. 정말 큰 도움이 되었습니다"라고 감사의 인사를 전하면 된다.

자신은 모든 일에 정확한데도 남에게 호감 가는 스타일이 아니라면 가끔 타인의 힘을 빌려 보는 것은 어떨까? 타인의 도움을 받은 뒤 그 호의에 잘 감사하는 것도 호감도를 높이는 한 방법이라는 사실을 강조하고 싶다.

045
은혜에 둔감해지면 사람이 떨어져 나간다

가족이나 애인처럼 옆에서 응원해 주는 가까운 사람들이 의외로 관심권 안에 들어오지 못하는 경우가 많다. 가까운 사람들은 평상시에 특별한 것을 많이 해주는 편은 아니지만, 무슨 일이 생기면 나의 편이 되어주는 든든한 후원자들이다.

이런 든든한 후원자들의 마음을 잊은 채 오직 '자기 혼자 살아왔다'는 듯 뻔뻔하게 구는 사람들이 있는데, 이들은 결코 호감 가는 스타일이 될 수 없다. 사람이라면 마땅히 가져야 할 상냥함이 부족하기 때문이다.

자신이 누구 덕분에 지금 이 자리에 있는지를 결코 잊어서는 안 된다. 가족, 애인뿐 아니라 자신을 있게 해준 선생님, 선배님, 기타 지인들과 자연의 은혜에 감사하는 마음을 늘 가지고 있어야 하는 것이다. 그런 점에서 우리 모두는 보이지 않는 큰 빚을 서로에게 지고 있는 셈이다.

은혜를 느끼고 그 은혜에 보답하는 일은 오직 인간만이 할 수 있다. 그런데 안타깝게도 우리는 많은 은혜들을 잊고 사는 편이다. 특히 조상이나 공기와 태양 같은 눈에 보이지 않는 것들의 은혜를 잊은 채 감사의 마음조차 갖고 있지 않다.

그중에서도 공기, 태양, 물 같은 자연의 은혜는 심각한 환경에 처해 본 적이 없는 사람은 인식조차 하지 못한다. 하지만 이것들의 도움이 눈에 보이진 않더라도 우리의 삶에 얼마나 큰 영향을 미치는지를 깨닫는다면, 그것에 대한 감사의 마음을 잊지 말아야 한다.

평상시에 세상 모든 것에 감사하는 마음을 가진 사람은 타인의 마음 씀씀이에도 민감한 편이다. 이런 사람들은 어떤 일에든 순수하게 '감사하기' 때문에 인기도 많은 편이다. 그러므로 오늘부터 우리 모두 자신이 받은 은혜를 인식하고 그것에 감사하면서 살아가도록 하자.

남들은 느끼지 못하는 은혜에 늘 감사하는 마음을 갖고 보답하려 애쓰는 사람이 그만큼 호감도도 높다는 사실을 이해하리라 믿는다.

046
가까운 사람에게 감사의 말을 더 자주한다

고마운 상대를 떠올려 보라고 하면 대부분 옛날에 친절하게 대해 줬던 회사 상사, 힘들었던 학창 시절에 큰 힘이 되어준 선배 등이 생각날 것이다.

하지만 우리가 정말 감사해야 할 상대는 의외로 가까이 있다. 예를 들면, 애인이 바로 그런 상대다.

당신이 여성이라면, 당신은 지금 애인에게 감사의 마음을 잘 표현하고 있는가? 일 때문에 바쁜 와중에도 데이트 계획을 짜는 일, 데이트할 때 커피 값이나 기타 다른 비용을 지불하는 일, 풀이 죽어 있거나 힘들어할 때 격려해 주는 일 등 당신이 애인에게 감사해야 할 이유는 셀 수 없이 많을 것이다.

그런데도 이런 점들을 전혀 생각하지 못한 채 "어제는 왜 전화 안 했어?", "놀이동산에 가자고 했던 약속을 벌써 잊은 거야?"라며 애인에게 짜증내거나 화를 내는 여성들이 의외로 많은 편이다.

애인이 당신에게 뭔가를 해주는 것이 당연하다고 생각해서는 안 된다. 이 세상에 '당연한 것'은 없다. 이런 사실을 잊은 채 '매일 전화하는 것이 당연하지', '늘 나에게 상냥한 것이 당연하지"라고 생각한다면 두 사람의 사랑은 결코 오래 갈 수 없을 것이다.

오늘부터라도 애인의 마음 씀씀이에 민감해지고, 감사하도록 하자. 그리고 자신이 감사하고 있다는 사실을 명확하게 전달하자.

당신이 웃는 얼굴로 "고마워"라고 말할 때마다 남자친구는 당신을 더욱 사랑하게 될 것이 분명하고, 그만큼 더 잘해 주려고 노력할 것이다.

물론 이는 여성에게만 해당하는 이야기가 아니다. 남성들도 애인이 해주는 일들을 '당연한 것'으로 생각하지는 않는지, 감사의 표현을 너무 안 하고 있는 것은 아닌지 반성해 보자.

047
싫은 사람에게서도 뭔가를 배울 수 있다

누구에게나 한두 명쯤 거북하거나 어색한 사람이 있게 마련이다. 될 수 있으면 그와 말을 하지 않으려고 그 사람이 있는 자리는 슬슬 피하기도 한다. 하지만 그런 상대를 그냥 무시해서는 안 된다. 왜냐하면 싫은 상대, 거북하고 어색한 상대라고 해도 어떤 인연이 있어서 당신 앞에 나타난 것이기 때문이다.

사람은 누구나 싫은 사람을 만나면 그 사람의 나쁜 점만 눈에 들어오게 된다. 하지만 여기에서 한 발 더 나아가 '이 사람에게도 뭔가 배울 만한 것이 있을 거야'라고 생각한다면 인간관계의 폭이 훨씬 넓어질 것이다. 싫은 사람에 대해 험담을 늘어놓거나 그 사람을 피하는 행위 등은 그야말로 자기 기준에 따른 판단에 지나지 않는다. 이런 사람이 호감을 받는 법은 결코 없다.

반면, '거북하고 어색한 상대에게도 배울 점이 있을 거야'라고 생각하면서 상대의 존재 자체에 감사할 줄 아는 사람은 인간적으로 성숙함이 묻어나 존경의 대상이 되기도 한다. 그리고 이런 사람들은 거북한 상대와의 관계가 왜 어색한지를 잘 살핀 뒤, 그것을 다른 인간관계에 도움이 될 수 있는 교훈으로 삼는다. 즉, 좀 더 냉철한 눈으로 두 사람의 관계를 파악하고 살펴서 자신에게 도움이 되는 방향으로 받아들이는 것이다.

그런데 하나 재미있는 점은, 사람은 대부분 자기와 닮은 상대를 거북해하거나 정이 안 가는 상대라고 생각한다는 것이다. 예를 들어, 나서기 좋아하는 사람은 자신처럼 나서길 좋아하는 상대를 만나면 '주제넘게 설치는 사람'이라고 생각하며, 성격이 꼼꼼한 사람은 비슷한 상대를 만나면 "저 사람을 만나면 숨통이 막히는 것 같아"라는 반응을 보인다.

따라서 지금부터라도 거북하거나 어색한 상대를 '인연이 있어 만난 사람', '자신에게 뭔가를 가르쳐주는 귀중한 존재'라 생각하고 감사하는 마음으로 대한다면, 당신의 미숙한 부분이 점차 줄어들어 인간적으로 성숙해질 수 있을 것이다. 싫은 사람을 이렇게 생각하고 대하는 일이 처음에는 어색하고 어려운 일이지만, 몸에 차차 익혀 나간다면 당신의 인기가 올라가는 것은 당연하지 않겠는가.

겉치레 인사는 오히려 역효과를 낸다

감사의 마음을 상대방에게 전달하는 일은 호감 가는 스타일이 되는 데 빼놓을 수 없는 요소다. 그러나 말로 아무리 "감사합니다"라고 해도 행동이나 태도에서 그 마음이 드러나지 않으면 '입으로만 해결 보려하는 무책임한 사람'이라는 평가를 받을 수 있다. 그러므로 감사의 마음은 말로써뿐 아니라 행동과 태도로도 전달해야 하는 것이다.

예를 들어, 누구를 만나든 머리를 꾸벅 숙이면서 "당신의 배려 덕에 잘 지내고 있습니다. 감사합니다"라고 말하는 사람이 있다고 해보자. 이 말을 들은 상대는 그 사람이 예의바르고 정중하다고 생각해 특별히 신경 써줄 것이다.

그런데 만일 "감사합니다"가 단지 말뿐이고 그것이 행동과 태도에서 전혀 느껴지지 않는다면 그 사람에 대한 인상은 완전히 바뀌고 만다. 즉, '저렇게 머리를 숙이며 감사하다고 말하지만, 실제로는 나를 이용하겠다는 속셈일지도 몰라. 주의해야 할 사람이야'라고 생각해서 그를 멀리하게 되는 것이다.

특히 처음에 인상이 좋았던 사람이 나중에 태도가 변하면 상대는

'배신당했다', '속았다'라는 생각에 오히려 더 강한 경계심을 갖게 된다.

일반적으로 사람은 감사하는 상대에게는 약속을 어긴다든지, 실례되는 말을 한다든지, 예의에 어긋나는 행동을 한다든지, 폐를 끼치는 행위를 한다든지 등의 실수를 하지 않는다. 그래서 행동과 태도에서 드러나지 않는 감사의 마음은 상대의 의심만 키울 뿐 오히려 호감도에 나쁜 영향을 미칠 수 있다.

아무리 입으로 "감사합니다"라고 수없이 말해도, 행동이나 태도에서 그것이 거의 느껴지지 않는다면 호감은커녕 도리어 경멸을 당할 수도 있다. 따라서 지금부터라도 감사의 마음을 말로써뿐 아니라 행동과 태도로도 보여주는 것이 호감 가는 스타일이 되기 위한 하나의 방법이다.

049
'미안합니다' 대신 '감사합니다'라고 말한다

감사의 마음을 표현하는 대표적인 말은 당연히 "감사합니다"이다. 이 말은 듣는 사람으로 하여금 행복함을 느끼게 만드는 마력을 지니고 있다.

시험 삼아 지금 거울을 보면서 자기 자신에게 "항상 열심히 일해줘서 정말 감사합니다. 당신이 신경 써주는 덕분에 직장에서 모든 사람들이 기분 좋게 일할 수 있었습니다. 감사합니다"라고 말해 보자. 그럼 자연스럽게 얼굴에 미소가 번지면서 기분이 밝아지는 느낌을 받을 것이다. 이것이 바로 "감사합니다"라는 말이 지니는 엄청난 마력이다. 따라서 "감사합니다"라는 말을 자주 하는 사람은 주위 사람들을 행복하게 만들고 있는 것이다.

한편, 무슨 일이 생기면 즉시 "미안합니다"라고 말하는 사람들도 있다. 시험 삼아 해보면 알겠지만, 이 말은 "감사합니다" 같은 마력을 지니고 있지 않다.

늘 "미안합니다"라는 말만 하다 보면 자신이 능력 없는 사람인 것 같은 느낌이 들어 오히려 기분이 나빠지고 의욕도 없어진다.

그런 만큼 같은 일에서 "감사합니다"라고 말하는 사람과 "미안합니다"라고 말하는 사람은 주위에 미치는 영향도 완전히 다르다.

따라서 지금 이 순간부터는 "미안합니다"라는 말 대신 "감사합니다"라는 말을 더 많이 쓸 수 있도록 하자. 물론 감사할 일이 별로 없다고 투정하는 사람도 있을 것이다. 그렇다면 직장동료가 나의 업무상 실수를 만회해 주었을 때나, 기운이 없어서 가족이나 애인에게 걱정을 끼쳤을 때 "미안합니다"라는 말 대신 "감사합니다"라는 말을 해보자. 그럼 기분이 한결 나아질 뿐 아니라, 상대의 마음에도 행복이 깃들 것이다.

생각해 보면 일상생활에서 "감사합니다"라고 말할 경우는 얼마든지 있다. 당신이 "미안합니다"라는 말보다 "감사합니다"라는 말을 더 많이 사용한다면 지금보다 더 호감 가는 스타일이 될 것이다.

050
'덕분입니다' 라는 말을 편하게 자주한다

우리가 평소 아무 생각 없이 하는 말들이 상대를 격려하기도 하고 상처를 입히기도 한다. 그러면 상대를 기분 좋게 하는 말에는 무엇이 있을까? 그중 하나가 바로 "당신의 덕분입니다"이다.

예를 들어 "당신이 도와 주신 덕분에 저도 열심히 할 수 있었습니다", "당신이 열심히 해준 덕분에 작업을 완성할 수 있었습니다"라고 말하는 것이다.

이런 말을 들어서 기분 나빠질 사람은 없다. 그리고 성공이나 실적을 자기 혼자 힘으로 이룬 양 행동하지 않고, 오히려 주위 사람들에게 공을 돌리며 감사할 줄 아는 당신이라면 당연히 호감 가는 스타일이 되지 않겠는가. 호감 가는 사람들은 어떤 일에서든 상대에게 "덕분입니다"라고 말하는 습관이 몸에 배어 있다.

반대로 "내가 열심히 한 덕분에 우리 팀이 성공했지", "내가 없었으면 잘 해낼 수 없었을 거야"라고 말하면서 자신의 능력을 과시하는 사람은 외톨이가 될 수밖에 없다. 왜냐하면 이런 말들은 무척 뻔뻔하게 들려 듣는 사람의 기분까지 무척 나쁘게 하기 때문이다.

인간 사회는 모든 사람이 서로 도와야 유지될 수 있다. 즉, 자기 혼자 힘으로는 이 거대한 사회를 이루고 유지할 수 없는 것이다.

만일 당신이 어떤 일에서든 상대에게 "덕분입니다"라는 말을 잘 하지 않는 것 같다 싶으면, 오늘부터라도 의식적으로 "덕분입니다"라는 말을 많이 하도록 하자. 당신 혼자 힘으로 성공을 이루었다고 해도 겸허하게 주위 사람들에게 공을 돌리고 감사하는 자세를 보인다면 당신의 호감도는 한층 더 높아질 것이다.

제6장
다른 사람과
행운을
나누어라

욕심을 부려서 무엇이든지 다 자기 것으로 하려는 사람은 누구에게도 호감을 받지 못합니다. 반면, 호감 가는 스타일은 자신에게 찾아온 복이나 행운을 주위 사람들과 함께 나눕니다.

'요즘 운이 좋네', '돈이 좀 모이기 시작하는군'이라는 생각이 들 때 남에게 자랑한다든지, 혼자 독점하려고 해서는 안 됩니다. 혼자만 이득을 보려고 하는 순간부터 당신은 욕심꾸러기 탈을 뒤집어 쓴, 미움받는 스타일이 되고 맙니다. 따라서 행운과 돈을 손에 넣으면 다른 사람과 나누는 것이 중요합니다.

이 장에서는 주변 사람들에게 복을 나누어 주는 방법 몇 가지를 구체적으로 소개하고자 합니다. 누구나 금방 실천할 수 있는 방법들이므로, 오늘부터 바로 시작하도록 합시다.

051
축하의 장소를 은혜를 갚는 장소로 한다

골프에서는 홀인원을 하면 주위 사람들에게 축의금이나 기념품을 나눠 주는 전통이 있다. 예를 들어 캐디에게는 돈을 주고, 함께 대회에 참가했던 사람들에게는 2만 원 이상의 기념품을 나눠 주며, 간혹 골프장에 따라 기념나무를 심기도 하는 것이다. 이 금액을 전부 합산해 보면 꽤 많은 돈이 들어간다.

그래서 홀인원이 나왔을 때 돈이 부족하지 않도록 홀인원 보험이란 것이 있다. 그 정도로 홀인원은 큰 이벤트인 것이다.

그렇다면 자기가 잘해서 홀인원을 했는데도 주위 사람들에게 이렇게 돈을 쓰는 이유는 무엇일까?

그 전통의 의미를 알고 나면, 깊은 뜻을 이해할 수 있다. 홀인원이 나왔을 때 주위 사람들에게 돈을 베푸는 전통은 '인생은 행운의 양이 전해져 있다. 그래서 홀인원으로 운을 전부 소진해 버리면 나중에 불운이 오기 때문에 다른 사람들에게 자신의 행운을 나눠 줌으로써 불운을 피하는 것이다' 라는 의미를 담고 있다. 한마디로 '복을 나눠 가지는' 정신에 가깝다고 할 수 있다.

이런 홀인원 이벤트는 골프를 즐기지 않는 사람에게도 여러 가지 측면에서 응용될 수 있다.

예를 들어, 어떤 목표를 달성했을 때 우리는 무심코 자신이 축복받았다고만 생각한다. 하지만 발상을 바꿔, 자신을 응원해 준 사람들을 초대해 감사의 마음을 전한다면 어떨까? 초대받은 사람들은 틀림없이 당신을 진심으로 축하해 줄 뿐 아니라, 앞으로도 더 많이 도와주려고 애쓸 것이다.

생일 파티나 승진 파티 등도 주위 사람들에게 감사의 마음을 전하고, 모든 공을 그들에게 돌리는 계기로 활용하면 인간관계 측면에서 매우 유효하다.

한마디로 자신의 기쁨을 남과 함께 나눌 수 있는 사람이 인기스타가 될 수밖에 없는 것이다.

052
자신의 용돈을 쪼개어 선물을 산다

매달 자유롭게 쓸 수 있는 돈이 얼마 정도인가? 그리고 그 가운데 얼마 정도를 다른 사람을 위해 쓰는가? 얼마 안 되는 용돈 중 일부를 누군가를 위해 쓸 수 있는 사람은 호감 가는 스타일이 될 수밖에 없다.

누군가를 위해 적은 용돈으로 해줄 수 있는 대표적인 예가 바로 선물이다. 여행지 등에서 선물을 사와 추억을 함께 나누는 것이다.

Y양은 마음에 드는 직장 상사가 있었다. 바로 F 과장이었다. F 과장은 영업부에 몸담고 있어서 출장을 자주 갔고, 출장을 다녀올 때마다 여직원들에게 선물을 사다주곤 했다.

그런 F 과장을 볼 때마다 Y양은 '피곤할 텐데도 늘 부하직원들을 위해 선물을 사다주다니, 과장님은 정말 좋은 사람 같아. 돈도 적지 않게 들 텐데……'라는 생각에 존경의 마음까지 갖게 되었다.

그런데 어느 날 경리과 동료에게 실망스러운 말을 듣고 말았다. F 과장이 출장을 다녀올 때마다 선물 구입 영수증을 경리과에 모조리 청구한다는 것이었다.

Y양은 그동안 과장이 자비로 선물을 사온다고 믿었기 때문에 '뭐야, 회사 돈으로 산 거였어?'라는 생각이 들자 과장에 대한 존경의 마음도 싹 사라져 버렸다.

선물은 타인을 기쁘게 만드는 하나의 방법이다. 하지만 선물은 반드시 자신의 돈으로 사야 그 의미가 있다. 즉, 가족이나 지인을 위해 선물을 살 때 자신의 용돈을 쓰는 사람은 상대방까지 생각하는 상냥한 마음씨를 가진 사람이라는 인식을 심어줄 수 있는 것이다.

용돈을 어떻게 쓰느냐에 따라 그 사람의 마음을 읽을 수 있다. 당신도 비록 적은 돈이나마 타인을 위해 쓰는지를 한 번 생각해 보라.

053
인맥을 충분히 활용한다

　복(福) 중에서 금전운에 가장 높은 비중을 두는 사람들이 많으리라 본다. 하지만 금전운과 비슷하거나 그보다 더 큰 가치를 지니는 것이 바로 인맥이다.
　인맥을 쌓는 일은 그리 쉽지 않다. 처음 만났을 때를 시작으로, 이따금 얼굴을 보면서 서로를 조금씩 알아나가다 보면 어느새 '그냥 아는 사이' 이상의 관계가 되는데, 이때까지 상당한 시간이 소요된다.
　호감 가는 사람은 이렇게 고생해서 쌓은 자신의 인맥을 독점하려 하지 않는다. 즉, 자신의 이익을 위해서만 활용하는 것이 아니라, 다른 사람을 도와줄 때도 자신의 인맥을 동원하는 것이다.
　호감 가는 사람들은 보통 이렇게 말한다.
　"회계사를 찾는다고요? 제가 아는 회계사를 소개해 드릴까요?"
　"당신이 새롭게 시작한 일에 도움이 될 만한 사람을 알고 있어요. 괜찮다면 소개해 드릴까요?"
　개인적인 인맥에서도 마찬가지다.
　"여자친구가 없다고 들었는데……. 그럼 제가 아는 친구를 소개해 줄까요?"

"F씨와 말이 잘 통하는 사람을 알고 있어요. 다음에 셋이서 같이 식사라도 하면 어떨까요?"

이렇게 자신의 인맥을 동원하고 깔끔하게 실천에 옮기는 사람은 상대에게 큰 선물을 선사한 것이나 마찬가지다.

"다음에는 A씨를 소개해 줄게요", "당신에게 소개하고 싶은 사람이 있는데……"라는 식으로 잘 아는 누군가를 소개시켜 준다는 상대를 미워할 사람이 어디 있겠는가? 그리고 그 상대가 이상하거나 전혀 생뚱맞은 누군가를 소개해 줄 리도 없다.

그러므로 어떤 누군가를 소개해 준다는 말은 '이 사람은 나를 어느 정도 높이 평가하고 있구나' 라는 느낌이 들게 만든다.

사람과 사람을 연결시키는 일은 그리 쉽지 않다. 하지만 이런 일들을 하는 사람은 타인에게 인정받고, 인망을 얻게 된다. 그러므로 당신도 당신의 인맥을 충분히 활용하길 바란다.

054
자신이 알고 있는 정보를 공유한다

세상에는 무수히 많은 정보들이 떠돌고 있다. 그 양이 실로 엄청나서 자신이 정작 원하는 정보를 찾는 데는 엄청나게 많은 노력과 시간이 필요할 수도 있다. 이럴 때 누군가가 자신이 원하는 정보를 알려준다면 얼마나 고맙겠는가.

"그러고 보니, 이번 휴가에 제주도로 여행 간다고 했지? 여행사에 근무하는 친구가 있는데, 예전에 그 친구가 제주도 관광 관련 자료를 몇 개 줬거든. 필요할 것 같아서 참고하라고 가져왔어."

이렇게 상대방이 원하는 정보를 눈치로 파악해 자연스럽게 제공하는 사람은 호감 가는 스타일이 될 수밖에 없다. 자신은 간단하면서도 손쉽게 얻을 수 있는 정보가 타인에게는 무척 귀하고 급한 것일 수도 있기 때문이다. 이런 정보를 당신은 기꺼이 타인에게 줄 수 있는가?

물론 남에게 정보를 제공하는 일이 조금은 귀찮을 수도 있다. 그러나 귀찮다는 생각을 버리고 '이것을 알려주면 그가 기뻐하겠지?'라는 마음으로 상대에게 기꺼이 정보를 알려준다면 상대는 당신의 상냥함과 배려에 큰 매력을 느낄 것이다.

그렇다고 특별히 자신의 시간을 써가면서 남을 위한 정보를 모을 필요는 없다.

"당신이 찾고 있던 정보가 어제 신문에 실렸던데요. 인터넷으로 검색해 보면 금방 찾을 수 있을 거예요"라는 말 한 마디로도 상대는 무척 고마워하고 기뻐할 것이다.

자신이 알고 있는 정보들을 상대에게 알려주는 일은 매우 간단할 수도 있지만, 당신의 인기를 올리는 데는 대단히 유효한 방법이다.

055
푼돈을 아끼면 소중한 것을 잃을 수 있다

호감 가는 사람은 마음이 여유롭기 때문에 자기 것을 타인에게 나눠 주는 일에 망설임이 없다. 이는 돈에 있어서도 마찬가지다.

누구에게나 호감 가는 사람이 모임의 회계를 맡으면, 그는 자신이 어느 정도 손해를 보더라도 모두에게 부담 없을 만큼의 회비를 걷는다. 그럼 모임의 회원들은 "미안해. 자네가 돈을 너무 많이 낸 것 같아서. 다음에는 내가 식사 한 번 살게"라고 말하면서 그에게 감사의 마음과 친숙함을 드러낸다.

자신이 몇백 몇천 원을 더 지불하는 것으로 인간관계가 원만해진다면, 긴 안목으로 봐서 그 정도의 돈을 아까워해서는 안 된다. 그것이 자신의 인맥을 강화한다고 판단된다면 더욱 그렇다.

인색한 사람은 이런 당연한 진리를 전혀 모르고 있다. 또한 늘 인색해서 돈의 노예처럼 보이는 구두쇠는 호감과는 거리가 멀다.

회식을 하자고 하면 "이번 달은 바빠서……"라고 거절부터 하는 사람이, 상대가 "오늘은 내가 한 턱 낼게"라고 하면 "그래? 그럼 가야지"라고 말할 경우, 당신은 과연 그 사람에게 호감을 느낄 수 있겠는가?

    이런 사람이 모임에서 회계를 담당하면 그야말로 참담해진다. 10원이라도 손해 볼까 봐 "자, 한 사람당 3,333원을 내면 돼"라고 너무나 인색하게 말하기 때문이다. 듣는 처지에서는 어이가 없지만, 정작 본인은 상대의 이런 기분을 전혀 알지 못한다.

    만일 이런 일이 모임 때마다 반복된다면, 그 다음 모임부터는 그 사람을 제외시키고 싶다는 생각이 들지 않겠는가? 어느 순간 갑자기 외톨이가 되는 것이다.

    그렇다고 사람들에게 늘 대접을 해야 한다는 의미는 아니다. 단지 자신의 이득만을 염두에 두고 행동하면 타인의 눈에 거슬려 호감도가 떨어질 수 있다는 뜻이다. 이 점을 잊지 않길 바란다.

함께할 수 있는 시간을 갖는다

"가까운 콘서트홀에서 유명 그룹이 공연을 한다는데……. 혹시 시간 되면 같이 갈래요?"

"며칠 후에 네가 좋아하는 브랜드의 바겐세일이 있대. 주말에 같이 가볼까?"

이렇게 자신을 위해 어떤 제안을 해오는 사람에게 우리는 대부분 호감을 느낀다.

정보를 얻을 수 있는 길이 별로 없는 사람들은 이벤트나 공연을 좋아한다고 해도 직접 가볼 기회가 그리 많지 않은 편이다. 그럴 때 누군가가 정보를 알려주면서 함께 가자고 제안한다면 그렇게 고마울 수 없다. 게다가 많은 사람이 모이는 이벤트에는 긍정적인 에너지가 넘치게 마련이다. 그런 만큼 회사와 집을 오가는 평범한 일상에 큰 활력소가 된다.

그렇다고 상대를 위해 특별히 큰 이벤트나 공연을 제안해야 하는 것은 아니다. "이번 제 생일 파티를 위해 케이크를 주문했어요. 시간이 되면 오셔서 함께 드셨으면 해요"라고 말할 수 있는 작은 이벤트여도 상관없다. 단지, '나는 당신과 즐거운 시간을 함께 보내고 싶다'라는 마음이 상대에게 전달되면 되는 것이다.

결과적으로 그 이벤트에 참가하든 못하든 함께 가자는 제안을 받은 사람은 '자신이 선택받았다'는 이유 하나만으로도 기분이 좋아지고 행복해진다.

친구에게 어떤 큰 선물을 해줄 만한 돈이 없고, 도와줄 능력도 없는 사람이라도 친구가 기뻐할 만한 이벤트에 함께 가자고 제안하는 일은 그리 어려운 문제가 아니다. 다시 한 번 강조하지만, 상대가 '함께 보내고 싶다'는 마음만 느낄 수 있으면 되는 것이다.

단, 인원을 채우기 위해 억지로 불러낸 듯한 이벤트는 오히려 의도가 불손하게 느껴져 역효과가 날 수 있으므로 주의해야 한다.

057
동료로 받아들이는 배려가 필요하다

결혼식 피로연 같은 데 가면 즐거운 시간을 보내는 손님들 틈에서 재미없는 얼굴로 조용히 앉아 있는 사람을 종종 볼 수 있다. 그때 당신이 혼자 앉아 있는 사람을 자연스럽게 무리에 어울리도록 유도한다면 상냥한 스타일이라는 인식을 심어줄 수 있다. 그만큼 인기가 올라가는 것은 당연하다.

즐겁게 시간을 보내는 손님들 틈에서 조용히 혼자 앉아 있는 사람은 대부분 '좋겠다. 나도 저 무리에 끼고 싶은데' 라는 생각을 한다. 그런 사람에게 이쪽에서 먼저 말을 걸어주고 함께 어울릴 수 있도록 분위기를 조성해 준다면 얼마나 기뻐하겠는가?

물론 생전 처음 보는 사람에게 먼저 말을 거는 일이 쉽지는 않다. 그러나 호감 가는 스타일은 그런 사람을 보고도 절대 못 본 척하지 않는다.

만일 당신이 그런 상황에 놓였다면 그에게 다가가 "누구 친구세요?", "어디에서 오셨어요?" 같은 대답하기 쉬운 질문을 먼저 던짐으로써 상대방이 긴장을 풀 수 있도록 하자.

단, 그 전부터 무척 친했던 양 지나치게 편하게 말을 거는 것은 삼가야 한다. 왜냐하면 호감 가는 사람은 허물없이 친해지긴 해도 상대에 대한 예의를 중시하기 때문이다.

이제부터는 혼자 있는 사람을 그냥 바라만 볼 것이 아니라, 먼저 말을 걸어 그 사람이 무리에 어울릴 수 있도록 유도하자. 그런 마음 씀씀이와 실천력만 있다면 상대방뿐 아니라 주위 사람들 모두 당신을 호감 가는 스타일로 인식할 것이다.

058
엽서 하나로 사랑의 결실을 맺을 수 있다

행복을 나눠 준 인연으로 애인이 생긴 여성이 한 명 있다. 여행대리점에 근무하는 W양이 그 주인공이다.

W양은 직업상 해외에 나갈 일이 무척 많았다. 해외를 다니면서 우리나라에서는 볼 수 없는 아름답고 독특한 풍경을 볼 기회가 많았던 W양은 '이 아름다운 풍경을 내가 마음에 두고 있는 그에게도 보여주고 싶다' 라는 생각이 들었다.

그래서 그런 생각이 들 때마다 여행지에서 자신이 마음에 두고 있는 남성에게 아름다운 풍경 사진이 들어간 엽서를 보냈다.

"나는 지금 포르투갈에 와 있어요. 튤립 꽃밭이 정말 아름다운 거 있지요. 이 아름다운 광경을 당신에게도 보여주고 싶어서 엽서를 보내요. 정말 멋지지요?"

"내가 어디에 와 있게요? 바로 하와이예요! 이곳의 바다와 하늘은 말로 표현할 수 없을 정도로 아름다워요. 비록 엽서 사진이긴 하지만, 이곳의 풍경이 당신에게도 전해졌으면 해요. 내 마음과 함께요!"

W양은 이런 밝은 내용을 함께 담아 자기가 가는 나라에서 꼭 예쁜 사진이 담긴 엽서를 그 남성에게 보냈다.

엽서를 받게 된 남성은 처음에는 '참 부지런하기도 하다!' 정도로만 생각했다.

하지만 엽서에 담긴 W양의 밝고 행복한 분위기가 'W양은 여행의 감동을 나에게 그대로 전달하고 있어. 어쩜 이토록 활기차고 상냥하고 밝을까? 나도 W양과 함께 여행하고 싶다, 정말!'이라는 생각이 들게 만들었다. 그리고 그녀의 엽서에 감사하며, W양에게 한 번 사귀어보자는 프러포즈를 했다.

W양은 여행의 즐거움을 함께 나눔으로써 사랑의 결실을 맺을 수 있었던 것이다.

059
어떤 상황에서든 밝고 긍정적으로 말한다

당신 주변에 늘 어두운 이야기만 하는 사람은 없는가?
"나는 정말 뭘 해도 안 돼."
"그거 무리예요. 잘될 리가 없지요."
이런 부정적인 말을 하는 사람들이 의외로 많다. 이런 사람들이 있는 모임이나 만남의 분위기도 그만큼 어두울 수밖에 없다.

그들은 회사에서도 긍정적이고 발전적인 제안은 하지 않고, 오직 불가능한 이유에 대해서만 말하기 때문에 주위 사람들로부터 '재미없고 부정적인 상대'라는 평가를 받는다. 이런 사람들은 결코 호감 가는 스타일이 될 수 없다.

오히려 호감 가는 스타일은 듣는 사람의 마음이 밝아지는 화제로 이야기를 끌고 나간다.
"이런 재미있는 일이 있었어요."
"그 웃긴 소식 들었어요?"
이런 밝은 말로 여러 사람과 즐거움을 공유하는 것이다. 그럼 당연히 듣는 사람의 기분도 덩달아 좋아지고 밝아질 수밖에 없다. 그래서 그의 주변에는 늘 사람이 많다.

단, 아무리 밝고 즐겁게 이야기하는 사람이라도 너무 자기 이야기만 해서는 곤란하다. 상대방이 지루해할 수도 있기 때문이다.

자신의 말버릇은 스스로 느끼지 못하는 경우가 대부분이다. 혹시 '내가 이야기만 하면 다들 침묵하는 것 같아' 라는 느낌이 드는 사람은 자신의 말버릇에 대해 곰곰이 생각해 보길 바란다. 어쩌면 '그러고 보니……'라며 마음에 짚이는 부분이 있을지도 모른다.

마음에 짚이는 것이 있는 사람은 지금 이 순간부터 부정적인 말투를 버리고, 밝고 긍정적인 이야기를 화젯거리로 삼도록 하자.

"당신과 이야기하면 나까지 기분이 밝아져요."

"그녀와 같이 있으면 힘이 나고 즐거운 기분이 들어."

이런 말을 듣는 사람은 호감 가는 스타일일 뿐 아니라, 주변의 신뢰도 두텁다는 사실을 잊지 않길 바란다.

060
이기고 지는 것에 얽매이면 행운도 도망간다

여기까지 읽고 '행복을 나누는 일은 무척 어렵구나. 나는 못할 것 같아'라는 생각을 하게 된 사람이 혹시 있는가? 그런 사람은 지금까지 이기고 지는 것, 즉 승패에 지나치게 얽매여 살아왔을지도 모른다.

오늘날 우리 사회에는, 초등학생 때부터 남들보다 좋은 성적을 올려야 하는 강박관념 속에서, 일류대학을 목표로 교사와 부모의 보호를 받으며 공부만 해온 사람들이 무척 많다. 이렇게 타인과 경쟁하며 살아온 사람들은 상대에게 무언가를 해주는 것이 곧 자신이 손해를 보는 일이라고 생각한다.

이런 사고방식을 가진 사람들은 행운을 혼자 독차지하려는 경향이 있다. 그 결과 '이기적인 사람'으로 인식되어 미움을 받는다.

호감 가는 사람이 되려면 '승패 의식'을 버리지 않으면 안 된다. 원래 승패는 비교 대상이 있을 때 성립되는 것이다. 하지만 누구와 비교하는 것만큼 무의미한 일도 없다.

인간은 그리 단순한 생물이 아니다. 어떤 면에서는 이기고, 또 어떤 면에서는 질 수도 있다. 따라서 이런 의미 없는 승패에 얽매이면 시간만 버리는 꼴이 되고 만다.

　지금부터는 승패 의식을 버리고, 누군가와 자신을 비교하기보다 "저 사람은 지금 고생하고 있지만, 적극적인 자세로 노력하고 있잖아. 본받아야겠어"라는 식으로 상대방의 삶을 인정하고 스스로의 자극제로 삼는 것이 바람직하다.

　따라서 제일 먼저 "승패가 문제는 아니야. 지금의 나는 오늘까지 내가 쌓아올린 결과이기 때문에 충분하다고 생각해"라며 스스로를 인정하는 자세가 필요하다. 이것이 가능해지면 주변 사람들과 행복을 나누는 일에 어떠한 불편함이나 저항감도 느끼지 못한다.

제7장
서비스를 조금 더 하라

서비스란 '어떤 보수를 바라지 않고 남을 위해 일한다' 라는 뜻입니다.
이 세상에는 비록 자신에게 이득이 되지 않지만 남에게는 이로움을 줄 수 있는 일들이 참 많습니다. 그리고 이런 일을 할 수 있는 사람과 할 수 없는 사람에 대한 인상은 극과 극을 달립니다.
당연히 남을 위해 힘을 쓰는 사람에게 호감이 갈 수밖에 없습니다.
이 장에서는 누구든지 할 수 있는 서비스를 소개하고자 합니다. 여기에 소개된 서비스들은 비록 간단하지만, 직접 실천해 보면 그 성과와 결과가 상상을 초월한다는 사실을 깨닫게 될 것입니다.
가벼운 마음으로 시작하기만 하면 됩니다.

061
작은 배려가 큰 결과를 낳는다

누군가에게 어떤 부탁을 받았을 때, 부탁받은 것만 해주는 사람과 부탁한 상대의 마음을 알아채고 그 외의 일까지 처리해 주는 사람이 있다. 당신은 과연 어떤 스타일인가?

'거의 부탁받은 일만 하는 것 같은데……'라는 생각이 드는 사람이라면, 오늘부터라도 부탁받은 일을 다 끝마친 뒤 상대방에게 "다른 할 일은 없나요?"라고 묻겠노라고 마음먹자.

예를 들어, 누군가가 "아침부터 배가 아픈데, 혹시 위장약 가진 거 있어요?"라고 물으면 물도 함께 건네주자.

또 누군가가 "내일 H사에 가야 하는데, 어떻게 가야 제일 빠르지?"라고 물으면 말로 설명하는 것에 그치지 말고 꼼꼼하게 약도를 그려 넘겨주자.

그리고 복사를 부탁받으면 복사한 용지들을 클립으로 잘 묶어서 사용하기 쉽도록 정리한 뒤 상대방에게 주자.

이런 식으로 부탁받은 일에 플러스알파를 해주는 사람은 '슬기로운 사람'이라고 인정받아 호감 가는 스타일이 될 수밖에 없다.

물론 플러스알파의 일을 한다고 자신에게 돌아오는 이득은 그다지 크지 않다. 그러나 당신의 작은 배려를 상대방은 확실히, 그리고 유심히 보고 있다. 그리고 그 플러스알파가 차곡차곡 쌓이면 당신에 대한 호감도가 상승할 수밖에 없다.

오늘부터 자기 일이 끝났으니 모든 일이 다 끝났다고 생각하는 자세를 버리자. 그리고 '내가 뭐 도와줄 일이 없을까?'라는 마음으로 주위 사람들에게 접근하자. 그럼 호감 가는 스타일이 되는 것은 그야말로 시간문제다.

062
주위 사람들을 배려하고
신경 쓰는 자세가 중요하다

　별것 아닌 것 같지만, 당신은 일상생활을 해나가면서 주위 사람들을 얼마나 많이 신경 쓰는 편인가?
　요즘에는 에스컬레이터에서 급한 사람이 걸어갈 수 있도록 비워놓은 한쪽에 우두커니 서 있거나, 개찰구를 나오자마자 갑자기 멈춰서거나, 좁은 길을 막은 것처럼 한 줄로 죽 늘어서서 천천히 걸어가는 사람들이 많다. 이런 사람들은 자기 뒤에서 어떤 일이 일어나고 있는지 전혀 신경 쓰지 않는다.
　지하철 안에서도 옆으로 조금만 움직이면 한 명 더 앉을 수 있는데, 무신경한 한 사람 때문에 더 이상 앉을 수 없는 경우를 자주 보게 된다.
　혹시 이렇듯 '이 사람은 주위 사람들에 대한 배려가 전혀 없구나'라는 생각이 절로 드는 사람이 가까이에 있는가?
　이런 사람과 달리, 호감 가는 스타일은 남을 위한 배려에 무척 익숙하다. 늘 자신뿐 아니라 주위 사람들의 일에도 관심을 기울이고 신경 쓰는 것이다.

물론 "왜 그렇게 남에게 신경 쓰고 남의 눈치를 보며 사는 건데? 나 편한 대로 살면 그만이지"라고 주장하는 사람들도 있을 수 있다. 그리고 그들의 주장처럼 남들을 신경 쓰지 않은 채 살아가는 것이 더 편하고 즐거울 수도 있다.

하지만 이런 자기중심적인 사람이 많기 때문에 남을 배려하고 남에게 신경 쓰는 스타일이 인기를 얻을 수밖에 없는 것이다.

지금까지 이런 배려들을 해보지 않은 사람들에게는 대단히 귀찮게 느껴질 수도 있지만, 실제로 해보면 정말 아무것도 아닌 간단한 일들이라는 사실을 알 수 있다. 하지만 이런 작은 실천 하나만으로 당신의 인상은 훨씬 좋아지게 된다.

따라서 오늘부터라도 주위 사람들에게 좀 더 많이 신경 쓰고, 그들을 배려하는 마음과 자세를 갖추도록 노력하자.

063
이름을 기억하면 원하는 것을 이루기 쉽다

우리는 매일매일 많은 사람들을 만난다. 그런데 그다지 친하지 않다고 생각했던 사람이 내 이름을 알고 불러주면 왠지 기분이 좋아진다. 따라서 이런 방법을 사용해 본다면 자신의 인상을 더욱 호의적으로 만들 수 있다.

어느 회사의 영업사원이 이런 말을 했다.

"나에게 중요한 일은 거래처 비서의 이름을 기억하는 것입니다. 물론 사장의 이름, 담당자의 이름도 기억합니다. 하지만 무엇보다 비서의 이름을 기억해 둔 뒤 '○○비서님이세요? △월 △일에 사장님을 뵙고 싶은데요' 라고 말한다면 약속 잡기가 쉽습니다. 비서 처지에서는 상대방이 자기 이름까지 기억하고 있으리라고는 예상하지 못하기 때문에 고마움과 더 큰 친근감을 느끼게 됩니다. 아주 작은 일 같지만, 그 효과는 정말 대단합니다."

거래처 비서의 이름을 기억하지 못한다고 해서 일에 지장이 생기는 것은 결코 아니다.

그러나 작은 노력 하나로 상대에게 좋은 인상을 심어주었기 때문에 사업도 잘 이루어질 수밖에 없었다고 한다.

이렇게 그리 친하지 않은 사람의 이름을 기억해 다음에 만났을 때 다정하게 부르는 것만으로도 호감도를 높이는 데 큰 효과가 있다.

가장 바람직한 것은 이름 전체를 완벽하게 기억해 "△△사의 K 과장님이시지요? 오랜만에 전화드립니다. 그때는 정말 고마웠습니다……"라는 식으로 말하는 것이다. 아무리 친숙하게 느껴지는 후배나 동생이라 해도 오랜만에 만나 이름이나 직함만 부르는 것은 예의에 어긋나기 때문이다.

호감 가는 스타일은 어떠한 상황에서도 예의를 벗어난 행동을 하지 않는다는 점도 잊지 않길 바란다.

064
몸에 밴 작은 습관이 인생을 바꾼다

별것 아니긴 해도 다른 사람들이 하지 않은 일을 자기도 모르게 처리하여 결국 좋은 회사에 취직한 여성이 한 명 있다.

요즘은 '청년백수'라는 말이 낯설지 않을 정도로 취업난이 심각하다. 우리 주변에서 '초라한 백조'를 한두 명쯤은 꼭 보게 될 정도다. 게다가 경기회복 속도도 더뎌서 언제쯤 이런 취업난이 해소될 지 아무도 예상할 수 없다.

그런데 입사시험에 절대로 합격하지 못할 것 같던 한 여성이 젊은이들 사이에서 인기 있는 기업에 지원해 최종 채용통지서를 받은 일이 있었다.

그녀는 자신이 합격한 이유를 자세히 알고 싶어서 입사 후 인사 담당 간부에게 "왜 특별히 성적이 좋지도 않은 저를 합격시키셨는지 궁금합니다"라고 말했다.

그러자 그 담당자는 이렇게 대답했다.

"필기시험이 끝났을 때 다른 사람들은 모두 의자를 제자리에 두고 그냥 돌아갔습니다. 그런데 당신은 의자를 제자리에 놓고 책상 위의 지우개 찌꺼기를 티슈에 모은 뒤 돌아가더군요. 아주 자연스럽게 몸에 밴 듯한 행동이 심사위원들을 감동시켰던 것입니다. 그리고 입사 후 당신의 모습을 보고 우리의 선택이 틀리지 않았음을 확신했습니다."

인간성은 원래 평소 행동에서 무의식적으로 나오게 마련이다. 인사 담당자는 그 점을 눈여겨봤던 것이다.

특별한 기술을 가지고 있다든지, 외모가 빼어나다든지, 머리가 비상하다든지 등 어느 한 사람의 수준을 잴 수 있는 기준은 많다. 그러나 이런 것들이 한 사람의 가치를 평가하는 전부는 될 수 없다.

사람이라면 누구나 어디를 가든지 평소 몸에 밴 습관이 저절로 표출될 수밖에 없다. 혼자 있을 때 빈둥빈둥 게으른 생활을 했다면 중요한 장소에서도 그 습관이 여지없이 나오게 되는 것이다.

아주 작은 습관이 인생을 좌우한다는 사실을 잊지 않길 바란다. 그리고 이왕이면 타인에게 도움이 되고 칭찬을 받을 만한 습관을 몸에 익히도록 하자.

065
타인의 일을 도와주면 인덕이 쌓인다

K양은 회사에서 독보적인 인기를 누리고 있는 여성이다. 그녀는 특히 여성 동료들 사이에서 인기가 무척 높다. K양의 생일에 동료들이 고급 레스토랑을 빌려 생일 파티를 열어줄 정도다.

K양은 명랑한 성격에 원래부터 사람들에게 호감 가는 스타일이다. 하지만 그녀가 인기 있는 이유가 단지 그것만은 아니다.

일상생활에서 K양은 다른 사람의 일을 솔선수범해서 도와주는 것으로 유명하다.

예를 들어, K양의 회사에는 여성 직원이 순번을 정해 돌아가면서 화장실 청소를 하고, 남성 직원들이 커피를 타는 등의 규칙이 있다. 그런데 K양은 당번인 동료가 피곤해하거나 몸이 아프다거나 몹시 바쁘면 솔선해서 일을 대신해 주곤 하는 것이다.

그날 당번인 여성이 "어머, 오늘 내가 화장실 청소하는 날이네. 감기약을 먹었더니 멍해져서 깜빡 잊고 있었잖아. 이를 어째……"라고 말하면서 당황스러워할 때 K양은 웃는 얼굴로 "괜찮아, 화장실 청소 내가 했어"라고 한다. 게다가 이런 일이 결코 한 번으로 끝나는 것이 아니다.

그렇다고 K양이 상대에게 그에 대한 대가를 요구하거나 다른 무엇인가를 해달라고 부탁하는 일도 전혀 없다. K양은 자신이 당번일 때 자기 일을 확실히 완수할 뿐 아니라, 당번이 아닌 날에도 동료들을 도와줌으로써 남을 배려하는 마음을 그대로 드러냈던 것이다. 즉, 언제나 동료들의 상태를 유심히 살펴서 몸이 안 좋거나 바빠서 당번 일을 할 수 없을 것 같은 동료들을 도와준다.

K양처럼 다른 사람의 여건이 좋지 않을 때 일을 대신 처리해 준다면 호감 가는 스타일이 될 뿐 아니라 인격적으로도 존경받게 된다는 점을 기억하자.

066
모임에서의 배려가 인간성을 돋보이게 한다

여러 사람이 함께 식사를 할 때 솔선해서 서비스하는 사람은 당연히 호감 가는 스타일이 된다. 마실 것이 떨어졌을 때 "뭐 다른 거 주문할까?"라며 메뉴판을 상대에게 넘겨 준다든지, 점원이 접시를 치우러 왔을 때 멀리 있는 접시를 집어 준다든지 등의 아주 작은 일이라도 괜찮으니 한 번 실천해 보자.

특히 이런 일들은 술자리가 무르익거나 대화에 집중하다 보면 대부분의 사람들이 잊어버리는 서비스들이다. 따라서 그런 자리에서 솔선해 작은 서비스와 봉사를 실천한다면 당연히 인기가 올라가지 않겠는가.

모임 장소를 선택할 때도 마찬가지다. 모이기로 한 사람이 다 모였지만, 마땅히 갈 곳을 정하지 못할 때가 종종 있다. 이럴 때 "인터넷에서 검색해 봤더니 이 근처에 맛있는 집이 몇 곳 있더라고. 그래서 적어왔지. 괜찮다면 그중 한 곳에 가보는 것이 어떨까?"라고 말하는 사람이 있다면 그 모임은 시작부터 즐거워질 수밖에 없다.

"오늘은 인원이 많아서 큰 테이블이 있는 식당을 검색해 왔어."

"오늘의 주인공이 이탈리아 음식을 좋아한다고 하길래, 가까운 곳에 있는 가게 몇 곳을 찾아왔지."

이런 서비스 정신을 발휘할 정도가 되면 사람들은 "정말 다행이야. 네가 안 나왔으면 오늘 모임은 아마 망쳤을 거야"라고 말하면서 감사의 인사를 할 것이다.

그런데 만일 자신이 검색해 온 가게로 반드시 가야 한다는 식의 강압적인 자세를 취한다면 오히려 역효과가 날 수 있다. 그러므로 절대 정도를 넘어서는 안 된다.

만에 하나 자신의 의견에 사람들이 동조하지 않더라도 "그냥 검색해 본 거니까 괜찮아. 당연히 우리 모두가 좋아할 만한 곳으로 가야지."라는 말로 서운함을 드러내지 않아야 더 큰 호감과 인기를 얻을 수 있다.

067
점원의 고충까지 이해하며 행동한다

자신이 손님이 되었을 때 유난히 거들먹거리는 사람들이 있다. 그런 사람은 결코 호감 가는 스타일이 될 수 없다. 반면, 돈을 내는 입장이면서도 가게에서 일하는 점원의 마음을 이해하고 신경 쓰며 행동하는 사람은 대단히 좋은 느낌을 주게 된다.

예를 들어, 바겐세일 하는 곳에 가보면 좋은 물건을 싸게 사기 위해 몰려든 손님들로 인해 가게 안은 그야말로 야단법석이다. 그 와중에 점원들은 헝클어진 옷들을 잘 접어서 정리하느라 무척 바쁘다. 대부분의 손님들이 옷을 들춰 보고는 대충 아무렇게나 내려놓고 가기 때문이다. 이럴 때 옷을 원래 있던 자리에 잘 접어서 놓는 손님은 매력적으로 느껴질 수밖에 없지 않겠는가.

물론 점원처럼 꼼꼼하게 잘 접어놓을 필요까지는 없다. 조금 신경 써서 깔끔할 정도로만 정리해 놓아도 점원들이 훨씬 편하게 일할 수 있을 테고, 또 바로 뒤에서 물건을 구경하려는 손님들도 기분이 좋을 것이다.

어떤 남성에게서 들은 이야기다.

"여럿이 노래방에 갔었는데, 음식과 음료수를 많이 주문해서 탁자 위가 지저분하더라고요. 그래도 실컷 잘 논 다음 다들 집으로 돌아가려는 순간, 어떤 한 여성이 탁자 위를 정리하는 거예요. 그 모습을 보니까 인간성이 좋은 사람 같다는 느낌이 들더라고요. 게다가 다른 여성이 '그런 일은 여기 직원이 다 할 거예요'라고 말했지만, 그녀는 '이렇게 대충 치워 놓으면 직원이 일하기가 더 쉬울 것 같아서요'라고 대답하는 거예요. 그 순간 그녀가 얼마나 아름답고 예뻐 보이던지……. 결국 그녀에게 사귀자고 프러포즈를 했고, 지금은 제 애인이 됐습니다."

그 여성은 탁자 정리라는 작은 일 하나로 사랑하는 사람까지 얻은 것이다.

의외로 이런 행위를 유심히 지켜보는 사람들이 많은 편이다. 그만큼 호감도도 달라지게 마련이다. 따라서 당신도 오늘부터 솔선해서 작은 서비스부터 실행해 보자. 그럼 주위의 시선이 확 바뀔지도 모른다.

068
세계적으로 호감받는 아주 간단한 비결

해외여행을 갈 사람은 조금이라도 괜찮으니 출발하기 전에 그 나라의 말을 배우는 것이 좋다. 비록 짧은 말이라도 여행 전에 익혀 간다면 그 나라 사람들과 친해질 기회가 많아질 뿐 아니라, 함께 간 여행자들에게 재미 삼아 가르쳐주면 즐거워할 것이다.

물론 짧은 몇 마디가 큰 이득을 가져오는 것은 아니다. 그러나 간단한 한마디의 말이 마음을 움직여 서로에 대한 친밀감을 높일 수 있다. 생각해 보라. 외국인이 어눌한 발음으로 최선을 다해 "안녕하세요", "감사합니다"라고 하면 괜히 대견해 보이지 않는가.

의지와 시간만 조금 있다면 간단한 인사나 자기소개 정도는 외국어로 충분히 말할 수 있다. 이런 작은 성의 하나만으로도 다른 나라 사람들과 친해질 기회가 많아지니, 반드시 실천해 보길 바란다.

또 우리나라 사람들은 인사에 좀 인색한 편이라 그런지, 외국 여행을 갔을 때 현지인들이 "헬로우~, 하이~"라고 인사를 건네면 그냥 무시한 채 고개를 숙이고 다른 곳으로 가버리곤 한다. 외국 사람들은 친분이 없는 사이라도 엘리베이터나 가게 안에서 눈이 마주치면 인사하는 습관이 있다. 그에 반해 우리나라 사람들은 낯선 사람과는 눈도 잘 마주치지 않기 때문에 오해를 사는 경우가 종종 생긴다.

따라서 다른 나라로 여행 갔을 때 현지인 중 누군가가 먼저 인사를 건네면 짧은 말이라도 괜찮으니 응답하는 것이 바로 매너다.

간혹 비행기에서 스튜어디스가 "어떤 것을 드시겠습니까?"라고 물을 때 "커피" 또는 "홍차"라고 간단하게 단어만 말하는 사람들이 있다. 하지만 이런 대답은 자칫 거칠고 무례한 인상을 심어줄 수 있다. 이럴 때는 정확히 "커피 주세요" 또는 "홍차가 마시고 싶습니다"라고 문장으로 대답하는 것이 바람직하다. 이런 사소한 배려 하나가 당신의 인상을 바꿀 수도 있다는 사실을 잊지 말자.

새로운 인간관계를 맺을 기회가 일상생활에서만 생기는 것은 절대 아니다. 우연한 계기로 여행을 간 나라에서 새로운 우정을 쌓을 수도 있다. 그러므로 어디에서든 매너 있는 자세로 최소한의 성의를 보이는 습관을 들인다면 당신의 호감도는 많이 달라질 것이다.

069
호감 가는 사람은 떠난 자리도 아름답다

많은 여성들이 말하길, 여성용 화장실에 가보면 세면대에 지저분하게 물이 튀어 있다든지, 머리카락이나 휴지가 여기저기 떨어져 있다든지, 얼굴의 유분기를 제거하는 기름종이나 화장을 고치고 난 티슈가 그대로 놓여 있는 일이 흔하다고 한다.

아무리 예쁘게 화장을 고치고, 머리카락을 만진다고 해도 거울 앞 세면대 주변에 기름종이 같은 쓰레기를 그냥 두고 갈 정도라면 그 사람의 아름다움은 아무 쓸모가 없지 않을까.

공공 화장실의 세면대를 사용했다면 주변에 튄 물을 화장지로 가볍게 닦고 쓰레기는 쓰레기통에 버리는 것이 예의이자 매너다. 그리고 이런 일은 단 몇 초면 다 할 수 있다.

그럼에도 이런 일을 등한시하는 사람들이 너무 많다. 비상식적이고 매너 없이 행동하는 사람은 타인에게 호감 가는 스타일이 되지 못하는 것이 어쩔 수 없는 현실이다.

호감 가는 스타일이 되고 싶다면 무엇보다 '남을 배려하는 행동'이 중요하다. 공공 화장실의 세면대뿐만이 아니다. 따뜻한 물을 사용하고 난 다음에는 그 다음 사람이 위험하지 않도록 맨 마지막에 찬물을 틀었다 잠그고, 다음 사람을 위해 문을 잡아주며, 공공장소에서 어떤 물건을 사용하고 난 뒤에는 원래의 자리에 갖다 놓는 등 '다음 사람을 생각하는 자세'가 필요한 것이다.

물론 이런 일을 했다고 어떤 이득이 생기는 것은 아니다. 이런 일은 당연히 해야 하는 것이고, 인생에 큰 영향을 끼치지도 않기 때문이다. 하지만 이런 작은 일에서 그 사람의 인품이 느껴지는 법이다. 게다가 타인은 이런 모습을 의외로 유심히 지켜보는 편이다.

'다음 사람을 배려하고 행동하는 것!'

이는 호감 가는 스타일이 되길 원하는 사람이라면 누구에게나, 그리고 어느 장소에서나 제일 중요한 요소다.

사소하지만 누구나 할 수 있는 최상의 배려

작은 선행이 차곡차곡 쌓여 큰 결과를 가져오는 경우가 있다.

단골손님으로 늘 꽉 차는 정식집이 한 곳 있다. 그 정식집은 70세 가량의 할머니가 혼자 운영하는 작은 가게지만, 일 년 내내 손님이 끊이질 않는다.

거기에는 다 그만한 이유가 있다. 할머니는 손님이 싫어하는 요리 재료들을 일일이 기억해 두었다가, 한 사람 한 사람에게 맞는 음식을 만들어 내놓았던 것이다.

예를 들어, 어떤 사람이 양파를 남겼고 그가 다음에 다시 가게에 오면 "손님은 양파를 싫어하시는 것 같더군요. 그래서 빼고 요리했어요. 그 대신 손님이 좋아하는 감자를 더 많이 넣었답니다"라며 그 손님에게 맞는 음식을 내놓았다.

그 할머니 입장에서 보면, 손님들이 싫어하는 음식 재료들을 모조리 기억한다고 해서 가게 매상이 올라가는 것은 아니다. 손님의 식성에 맞게 음식 재료들을 바꾸어야 하기 때문에 이득에 비해 오히려 손이 더 많이 가는 고된 일이다.

그래도 할머니는 가게를 찾아와 준 손님들을 기쁘게 해주고 싶다는 마음에, 그들의 식성을 전부 기억했다가 요리를 만들어 내놓는 일을 그만두지 않았다. 이런 할머니의 정성에 감동받은 손님들로 가게가 늘 붐비는 것은 당연하지 않겠는가.

만나는 한 사람 한 사람에 대한 정보를 다 기억하는 일은 그리 쉽고 간단한 문제가 아니다. 그런 만큼 상대는 감동을 받는 동시에 당신에게 더 큰 호감을 갖게 될 수밖에 없다. 특히 '상대방의 기분을 상하게 해서는 안 된다'는 배려가 당신의 인품 자체를 고귀하게 만들 것이다.

비록 작은 가게를 운영하는 나이 많은 할머니지만, 이런 할머니의 마음 씀씀이와 남을 위한 배려 정신은 꼭 배워야 하지 않을까?

제8장
부탁받은 것에 적절히 응답하라

호감 가는 스타일은 남에게 부탁이나 부름을 받으면 기분 좋게 "좋아요"라고 대답합니다.
이렇게 기분 좋게 대답하는 상대에게 감사의 마음을 갖지 않을 수 있을까요?
누군가를 위하는 부탁이나 부름은 기쁘게 받아들이는 것이 현명합니다. 그만큼 당신의 호감도도 올라가게 될 것입니다.
이 장에서는 실생활에서 부탁받을 수 있는 일들을 상황별로 정리한 뒤 그에 적합한 대응법 및 호감도를 올리는 방법에 대해 살펴보겠습니다.
물론 남을 도와준답시고 무리해서 자신을 희생하거나 무척 어려운 일을 자처해서 할 필요는 없습니다. 하지만 아주 사소한 일이라도 남을 배려하는 마음을 보이는 사람이라면 그에 대한 인상이 훨씬 좋아지는 것은 당연하다고 봅니다.

071
듣는 것만 잘해도 호감도가 올라간다

사람은 누구나 상대가 자신의 이야기를 잘 들어주길 원한다. 그런 점에서 상대가 원하는 것을 해주는 가장 간단한 방법 가운데 하나가 바로 '상대방의 이야기를 열심히 들어주는 것'이라고 할 수 있다.

당신은 상대방의 이야기를 들을 때 어떤 자세를 취하는가?

무심코 다른 일을 하거나 낙서 같은 손장난을 치면서 말을 듣느라 상대방을 쳐다보지 못하고 있는 것은 아닌가? 이런 자세로 상대의 이야기를 들으면 '나는 당신의 이야기에 전혀 흥미가 없어요'라는 뜻이 되고 만다. 당신이 "그런 의도가 전혀 아니다"라고 변명해도 상대가 그렇게 느낀다면 어쩔 수 없는 것이다.

호감 가는 스타일이 되고 싶다면 상대의 이야기를 들을 때 다음과 같은 점에 주의하자.

- ■ 몸은 상대방 쪽으로 향한다.
- ■ 상냥한 표정을 짓는다.
- ■ 이야기 중간 중간에 이해의 뜻으로 고개를 끄덕인다.
- ■ 흐름이 깨지지 않는 범위 내에서 가끔 질문을 던진다.

이것만 잘해도 '이 사람은 내 이야기를 열심히 듣는구나'라는 느낌을 상대에게 심어줄 수 있다. 그리고 상대에게 상냥한 사람이라는 인상을 주어 호감도 얻게 된다. 특히 상대가 친할 사람일수록 듣는 자세가 흐트러질 수 있으므로 이런 점에 더 유의하도록 하자.

참고로, 상대가 이야기에 열중해 있을 때 핵심이 되는 말을 한 번 더 반복해 주는 것도 좋은 듣기 자세 가운데 하나다.

예를 들어 "이 영화는 이런 점이 재미있었어"라고 말하면 "오, 그런 점이 재미있었구나"라고 대답하는 것이다. 대단히 간단하긴 해도, 자신의 이야기에 귀 기울이고 동조하는 당신에게 상대가 호감을 느끼는 것은 그야말로 당연하지 않겠는가.

072
풋워크의 경쾌함이 인기를 상승시킨다

일상생활에서도 다른 사람에게 무언가를 부탁받는 일이 자주 생길 수 있다.

"이것을 복사 좀 해줄래?"

"다음 주까지 회의용 자료를 만들어주세요."

이처럼 일과 관련한 부탁은 물론이고, 극히 개인적인 부탁이나 초대를 받는 일도 적지 않다. 특히 "이런 모임에 와주세요"라는 초대도 꽤 자주 있는 편이다.

"결혼식에 오세요."

"동창이 세미나를 여는데, 너에게도 도움될 만한 내용이 많은 것 같더라. 게다가 자리도 다 채워지지 않았나 봐. 시간 되면 같이 가지 않을래?"

"오랫동안 준비해 온 그림 전시회를 드디어 열게 되었습니다. 부족한 작품이지만, 많은 분들이 오셔서 감상하시고 즐기셨으면 합니다. 시간이 어떠신지요?"

호감 가는 사람들은 이런 초대가 있으면 되도록 거절하지 않는다. 초대 내용에 흥미가 있다기보다 상대의 요구를 들어주고 싶은 마음이 강하기 때문이다. 그리고 당신에게 무엇인가를 권한다는 것은 상대가 당신을 좋아하고 신뢰한다는 증거다.

호감 가는 사람이 원하는 것을 들어줄 경우, 그 사람에 대한 이미지는 한층 더 좋아질 뿐 아니라 신뢰감도 두터워진다. 그리고 초대를 흥쾌히 받아들이고 참석해 준 것 자체만으로도 상대는 기쁨을 감추지 못한다.

따라서 초대를 받아들이는 것은 당신의 인맥을 강화하는 가장 좋은 방법이다.

오늘부터라도 어떤 초대나 부탁을 받았을 때 '귀찮다' 라는 생각은 버리고 그것을 기쁘게 받아들여 실천하도록 하자. 그런 풋워크(Foot Work : 발로 뛰기)의 경쾌함이 당신의 인기를 급상승시킬 것이다.

073
거절할 때는 대안을 제시한다

호감 가는 사람들이 타인의 부탁이나 초대를 전부 다 들어주는 것은 결코 아니다. 사정이 여의치 않은 날의 초대나, 무리한 차용 보증처럼 결코 받아들일 수 없는 부탁도 있을 수 있다. 이럴 때는 당연히 거절할 수밖에 없다.

그런데 이런 무리한 부탁을 거절하는 일이 호감 가는 사람에게는 그리 어렵지 않다. 상대의 기분을 상하지 않게 거절함으로써 '어쩔 수 없구나'라는 생각이 들게 만들기 때문에 무례하다는 느낌도 전혀 들지 않는다.

그렇다면 어떻게 거절해야 상대의 기분이 상하지 않고 무례하다는 느낌도 들지 않을까? 그 방법 가운데 하나가 바로 대안을 제시하는 것이다.

예를 들어, "미안하지만 이번 주말에 우리 아이들을 돌봐 줄 수 있나요?"라는 부탁을 받고 거절해야 한다고 해보자. 그럴 때 단순히 "곤란해요. 저도 바빠서요"라고 말하는 대신 "그날은 저도 일이 있어서요. 괜찮으시다면 아기 돌보는 사람을 알고 있는데 소개해 드릴까요? 가격도 저렴하고 아이들도 잘 돌봐 주더라고요"라는 식으로 대안을 제시하는 것이다.

그럼 상대는 자신의 부탁이 거절당했다는 사실을 잊은 채 소중한 정보를 제공해 준 점에 감사한 마음을 갖는다.

이처럼 대안을 능숙하고 합리적으로 제시하는 사람은 부탁을 해 온 상대방뿐 아니라 주변 사람들에게도 인간성 측면에서 높은 평가를 받게 마련이다.

지금부터 당신도 어떤 부탁이나 초대를 받았을 때 거절하는 방법을 강구하기에 앞서, 그것을 대체할 만한 대안은 없는지 생각해 보도록 하자. 이런 작은 배려가 당신의 호감도에 큰 영향을 미칠 뿐 아니라, 인맥을 쌓는 데도 많은 도움이 된다.

074
부탁이나 초대를 거절할 때는 최대한 빨리 한다

호감 가는 사람의 특징 가운데 하나가 바로 대답을 빨리 한다는 점이다.

예를 들어, 전시회 초대 엽서를 받았다고 해보자. 대부분의 사람들은 '못 간다고 연락해 줘야지'라고 생각하면서도 전시회 날짜가 다가올 때까지 차일피일 미루다가 날짜에 임박해 부랴부랴 전화를 하곤 한다.

이런 사람들 탓에 초대장을 보낸 당사자는 전시회 날이 다가오는데도 손님 수를 파악하지 못해 음식 준비나 좌석 배치 등에 애를 먹고, 어쩔 수 없이 올 것 같은 사람들을 예측해서 모든 준비를 마무리하고 만다.

그에 반해 호감 가는 사람은 초대한 당사자의 입장을 충분히 배려할 줄 알기 때문에 초대에 대한 응답을 최대한 빨리 하는 편이다.

빠른 대답은 피치 못한 사정으로 거절할 때 유효하다는 장점이 있다. 대답을 차일피일 미루다 보면 거절하기 힘들어지지만, 초대장을 받고 최대한 빠른 시일 내에 연락하면 "그날은 선약이 있어서 참

석하지 못할 것 같습니다. 죄송합니다"라고 말하기가 쉽다.

또한 같은 거절이라도 어영부영 모호하게 대답함으로써 상대로 하여금 기대하게 만들었다가 결국 참석하지 못한다면 상대에게 오히려 좋지 않은 인상을 심어줄 수 있다.

이런 모습을 반복해서 보여주면 "저 사람은 우유부단해", "확실하게 대답하지 않으니까 여러 사람이 곤란해지잖아"라는 말을 들을 수도 있다.

호감 가는 사람은 누군가에게 부탁이나 초대를 받았을 때 "어떻게 거절할까?"를 고민하면서 하루하루를 그냥 흘려보낸다든지, 상대방으로 하여금 기대를 품게 했다가 실망을 안겨 준다든지 등의 행동을 절대 하지 않는다.

한마디로, 거절해야 할 때는 절대 망설이는 모습을 보이지 말고, 빠른 시일 내에 확실하게 말하도록 한다. 이런 결단력도 호감도를 높이는 핵심 요소다.

075
대답 방식에 따라 호감도가 달라진다

누구에게 어떤 부탁을 받았을 때 기분 좋게 대답할 수 있는가? 같은 "OK"라는 대답도 말하는 방식에 따라 상대방이 받는 인상은 크게 달라진다.

예를 들어, 직장 상사가 복사를 부탁했다고 해보자.

그때 "네, 점심때까지는 할 수 있을 것 같습니다"라며 웃는 얼굴로 대답하는 사람이 있고, "예? 복사요? 할 수는 있지만, 그래도 다른 사람이 해도 될 것 같은데……. 아무튼 점심때까지 해놓을게요"라며 하기 싫은데 억지로 하는 듯한 사람도 있을 수 있다.

부탁한 사람의 입장에서는 상대의 이런 반응에 각기 다른 느낌을 받게 될 뿐 아니라, 상대에 대한 인상도 전혀 달라진다.

기분 좋게 부탁을 들어준 사람에 대해서는 '정말 고마운 친구네. 좋은 사람이야'라고 생각하면서 더 긍정적인 인상을 갖게 된다. 반면, 싫은 얼굴로 부탁을 들어준 사람에게는 '뭐야, 어차피 놀고 있으면서. 좀 더 기분 좋게 해주면 안 되나? 거드름 피우고 게으른 친구 같으니라고'라고 생각하면서 부정적인 인상을 갖게 되는 것이다.

당신도 어차피 부탁을 들어줄 생각이라면 부탁한 사람의 기분이 나쁘지 않게 대답하는 것이 여러 가지 면에서 유리하다. 즉, 마지못해 한다는 식으로 대답하는 것과 기쁜 마음으로 한다는 식의 대답에는 엄청난 차이가 있는 것이다.

대답을 어떻게 하든 부탁받은 일에는 변화가 전혀 없다. 즉, 마지못해 한다는 식으로 대답해도 부탁받은 일의 양은 줄어들지 않는다는 뜻이다. 그렇다면 차라리 상대가 듣기 좋아할 만한 말로 대답하는 것이 서로에게 좋지 않겠는가.

대답을 밝게 하는 사람은 누구에게나 호감을 받는다. 그러므로 오늘부터 어떤 일을 부탁받고 그 일을 해줄 생각이라면 웃는 얼굴로 수락하도록 하자.

076
자신의 지식과 기술로 남을 도와준다

간혹 어떤 부탁을 받으면 자신이 충분히 할 수 있는 일인데도 힘을 아끼거나, 보상을 요구하는 사람들이 있다.

예를 들어, 컴퓨터에 대해 잘 아는 사람에게 "파일이 열리지 않는데 어떻게 하면 될까요?"라고 물으면 "아, 그거요. 저도 컴퓨터를 처음 만질 때는 이런 것을 잘 몰라서 선배에게 머리 조아리며 배웠지요. 이런 문제를 서비스 업체나 전문가에게 물어보면 아마 3만 원 정도는 줘야 할 걸요?"라면서 묘하게 무게를 잡는 식이다. 이런 사람들은 결코 호감 가는 스타일이 될 수 없다.

부탁하는 사람은 상대가 도와줘 결과적으로 문제가 해결됐다고 해도 이런 말을 들으면 마음이 불쾌해질 뿐 아니라 그 감정이 오래 남아 있게 된다. 즉, 고마운 마음보다 '잘난 척하는 기분 나쁜 사람'이라는 인상이 더 강하게 남는 것이다.

이에 반해, 호감 가는 사람은 자신이 가진 특기를 내세우거나 아끼지 않는다. 즉, 지식이나 기술은 남에게 가르쳐준다고 해서 닳아 없어져 버리는 것이 아니라는 점을 잘 알고 있는 사람이다.

한마디로, 자신이 알고 있는 바를 남에게 가르쳐주거나 자신의 특기로 남에게 도움을 준다는 것은, 자신도 누군가에게 편하게 도움받을 수 있음을 의미한다. 따라서 긴 안목으로 본다면, 다른 사람을 위해 자신의 특기를 사용하는 일이 결국은 자신을 위한 길인 것이다.

혹시 당신은 남에게 무엇인가를 가르쳐주거나 봉사활동을 할 때 거드름을 피우거나 잘난 척하지는 않는가?

남을 도와주는 것은 나에 대한 주변 사람들의 평가를 좋게 만드는 길이기도 하다. 그러므로 오늘부터 부탁받은 일은 기분 좋게 들어주고, 자신의 특기를 살려서 시원하게 해결해 주는 멋지고 상냥한 사람이 되도록 하자.

077
어려운 상황에 놓인 상대의 말을 경청한다

"잠깐 시간 있으세요? 의논할 것이 있어서요."

대부분의 사람들은 이런 말을 들으면 걱정이 앞선다. '귀찮은 일이면 곤란한데……', '돈을 빌려 달라고 하면 어떡하지?' 라는 생각이 제일 먼저 들기 때문이다. 그래서 상대의 말을 듣기도 전에 거절하고 싶은 마음이 들곤 한다.

많은 사람들이 이런 반응을 보일 때 누군가가 "힘이 될지 모르겠지만……"이라며 시간을 내준다면, 상담을 요구한 당사자는 그에게 호감을 느끼지 않을 수 없다.

사실 상담이 필요한 사람은 상대에게 구체적인 해결책이나 대안을 요구하지는 않는다. 단지 자신의 이야기를 들어주길 원하고, 격려해 주길 바라는 마음에서 의논할 것이 있다고 했을 가능성이 더 높다. 따라서 지레 긴장하거나 걱정할 필요가 전혀 없다.

"그래? 그것 참 큰일이네!"

"지금은 힘들겠지만, 자네라면 반드시 이겨낼 수 있을 거야."

이런 말들로 공감을 표시하고 격려하는 것만으로도 상담을 요구한 당사자는 대부분 만족감을 느낀다. 즉, 우울한 기분을 가까이에서 달래주고 이야기를 들어주는 일만으로도 충분한 것이다. 어떤 힘든 일이 있을 때 누군가가 자신의 이야기를 들어주는 것 자체가 굉장히 중요하고 필요한 일이기 때문에 더욱 그렇다.

사람은 누구나 '힘들고 어려울 때 힘이 되어주는 사람'에게 고마운 마음을 갖게 마련이며, 더 강한 친근감과 호감을 느낀다.

그리고 일반적으로 의논 상대를 선택할 때는 자신이 존경하거나 친밀감을 느끼는 사람 중에서 찾게 된다. 따라서 누군가 당신에게 의논할 것이 있다고 말해 온다면 '이 친구는 나를 믿고 있구나. 내가 더 고맙네'라는 마음으로 친절하게 이야기를 들어주는 것이 바람직하다.

078
덧붙이는 한마디가 좋은 인상을 심는다

혹시 "어라! 그러고 보니, 다른 사람에게 어떤 부탁을 받아본 적이 거의 없네!"라고 말하는 사람이 있는가?

이런 사람은 자신도 모르게 상대방이 어떤 부탁을 하기 힘들도록 분위기를 만들었을 가능성이 크다.

우리는 대부분 친근감이 느껴지는 사람에게 어떤 부탁을 하게 된다. 그렇게 본다면, 남에게 부탁받은 일이 거의 없는 사람은 남과 잘 어울리거나 사귀지 못하고 있을지도 모른다. 그리고 주위 사람들은 그런 그를 보면서 '부탁해도 거절할 것 같아', '싫다고 할 것 같으니까 아예 다른 사람에게 부탁하자'라는 생각을 할 수도 있다.

혹시 찔리는 점이 있다면 오늘부터 이런 말을 해보자. 즉, 누구와 이야기를 나눈 뒤 헤어질 때 "아참! 내가 힘이 될 만한 것이 있으면 언제든지 어려워 말고 이야기해. 내가 할 수 있는 일이라면 기꺼이 도와줄게"라고 말하는 것이다.

얼굴에 미소를 띤 채 이 한마디를 덧붙인다면, 상대방은 당신에게 친근감을 느낄 뿐 아니라 든든한 지원자를 얻었다는 기분까지 들어 용기가 절로 날 것이다.

  이는 대화에서뿐 아니라, 편지나 이메일에서도 마찬가지다. 마지막에 이런 한마디를 덧붙이는 것만으로도 당신의 호감도는 몇 배로 상승하게 된다.

  즉, 남에게 어떤 부탁을 받아본 적이 거의 없는 사람은 자신을 되돌아본 뒤 이렇게 한마디 덧붙임으로써 지금보다 상대방에게 더 좋은 인상을 심도록 하자.

약속을 도중에 취소하려면 처음부터 거절한다

남의 부탁을 들어주는 것은 분명 좋은 일이다. 하지만 좋은 인상을 남기고 싶다는 욕심 때문에 하고 싶지 않은 일까지 하겠다고 나설 필요는 없다. 왜냐하면 스스로 인내하면서까지 상대방의 부탁을 다 들어준다면 어느 순간 인내의 한계에 부딪힐 수 있기 때문이다.

게다가 일단 부탁을 들어주겠다고 해놓고 어느 순간 갑자기 "미안하지만 부탁을 못 들어줄 것 같아"라고 말한다면 이미지가 더 나빠질 수 있다.

예를 들어, 당신이 전혀 좋아하지 않는 록 밴드의 콘서트에 함께 가자는 말을 들었다고 해보자. 같이 가자는 사람에게 미움받기 싫다는 이유로 할 수 없이 '좋다'고 했지만, 하루 전날 아무리 생각해도 가고 싶은 마음이 들지 않아 거절했다.

이럴 경우 상대방은 '그럴 거면 좀 더 일찍 말해줬으면 좋았잖아. 처음부터 안 간다고 했으면 다른 사람과 함께 갔을 텐데 말이야'라고 생각하면서 당신에 대한 믿음을 잃고 만다.

당신은 물론 상대에게 미움받기 싫어서 어쩔 수 없이 함께 가기로 한 것이겠지만, 시간이 임박해진 시점에 취소한 탓에 오히려 역효과가 나고 만 것이다.

　약속을 해놓고 도중에 취소하는 것보다, 처음부터 거절하는 편이 호감도 면에서 훨씬 유리하다.

　그리고 어떤 부탁을 받을 때는 스스로가 즐겁게 할 수 있는 일만 들어주도록 한다. '하기 싫은데', '왜 내가 이런 일을 해야 하는지 모르겠어……'라는 마음으로 "좋아요"라고 대답하면 그 마음이 그대로 상대에게 전달되어 당신의 호감도는 떨어질 수밖에 없다. 또 당신이 그런 마음 상태라면 부탁해 온 상대에게도 만족스러운 성과와 즐거움을 줄 수 없다.

　따라서 아무리 생각해도 무리라고 판단되는 부탁은 애초에 거절하는 편이 서로를 위해 훨씬 좋다. 어떤 부탁을 받아 망설여질 때마다 이런 점을 반드시 떠올리도록 하자.

080
친절은 말없이 해야 진짜다

'상대가 원하는 바를 들어주는' 것은 매우 훌륭한 일이다.

그런데 가끔 부탁받은 것 이상을 해준답시고 이래저래 간섭함으로써 상대가 오히려 불편해하고 성가셔 하는 사람들이 있다. 이런 스타일은 대부분 어려운 이웃을 그냥 두고 보지 못하는, 정이 깊은 사람일 것이다. 하지만 그 마음이 지나치면 인간관계가 엉망이 될 수 있으니 주의가 필요하다.

한마디로, '이 이상을 침해받고 싶지 않다'라는 상대방의 아슬아슬한 경계선을 알아채고, 그 범위 내로 들어가지 않는 것이 현명한 대처 방법이다.

걱정이 지나친 나머지, 상대방이 말하고 싶지 않은 부분까지 꼬치꼬치 캐묻는다든지, 이야기의 주인공에게 전화해 "C씨가 곤란해하고 있어요. 도대체 어떻게 하려고 그러는 거예요?" 등의 말을 서슴없이 한다면 도움은커녕 오히려 '쓸데없는 간섭'이 될 수 있다.

물론 사람을 도와주겠다는 마음은 나쁘지 않다. 그러나 일방적으로 자기 생각만 해서 도를 넘어선다면 상대방이 당황스러워하거나 불쾌해할 수도 있다.

   게다가 어떤 부탁을 받았을 때 그 이상의 도움을 주고 싶어하는 사람은 대부분 상대로부터 감사와 존경을 받길 원하는 경향이 있다. 즉, 겉으로는 '너를 위해서'라고 말하면서도, 내심 '나 자신의 평판을 위해서'라는 목표 때문에 그렇게 행동하고 있는지도 모른다.

   다시 한 번 말하지만, 상대의 마음을 일방적으로 가늠해 배려 없이 도와주려는 사람은 의도와 달리 오히려 미움을 받을 수도 있으므로 조심해야 한다.

   '친절은 말없이 해야 진짜'다. 따라서 호감 가는 사람이 되고 싶다면 친절을 억지로 밀어붙여서는 안 된다.

   누군가가 어떤 부탁을 해올 경우, 아무런 보상이나 혜택을 바라지 않은 채 살며시 힘을 빌려 주는 참된 배려가 당신의 인간성을 돋보이게 한다는 사실을 잊지 말자.

제9장
사람에게 헌신하라

'지역이나 사회를 위해 애쓰는 일'을 봉사라고 합니다. 봉사활동에는 여러 가지가 있으며, 쉽게 할 수 있는 일들도 꽤 많습니다.
하지만 모든 사람이 봉사활동을 하는 것은 아닙니다. 봉사활동에는 눈에 띄는 매력이나 큰 이득이 없기 때문입니다.
심지어 평생 동안 봉사활동을 한 번도 안 해본 사람들도 꽤 있습니다. 물론 호감 가는 사람들은 대부분 봉사활동에 열심히 참여합니다.
따라서 이 장에서는 가벼운 마음으로 할 수 있는 봉사활동들을 소개하겠습니다.
봉사활동이라고 해서 굳이 어려운 일을 찾아서 할 필요는 없습니다. 어느 필요한 시점에 자신이 할 수 있는 일을 하는 것에서부터 시작하면 됩니다.

당당한 자리 양보가 친절함을 입증한다

지하철 안에서 많이 힘들어하는 노약자나 임산부에게 자리를 양보하는 사람들은 남에게 작은 존경을 받을 만한 자격이 있다. 왜냐하면 마음속으로 '자리를 양보할까, 어쩔까'를 고민하면서도 왠지 쑥스러운 생각이 들거나 '무시해도 되겠지'라는 마음에 그냥 눈감아 버리는 사람들이 많기 때문이다.

어떤 사람은 자리를 양보할까 말까 망설이던 와중에 앞에 서 있던 노인이 지하철에서 내려 내심 부끄러움을 느낀 경험이 있을지도 모른다.

하지만 마음으로는 자리를 양보하고 싶어도 행동으로 실천하지 못했다면, 그 마음 자체는 아무런 의미가 없어진다. 즉, 결과적으로는 노약자에게 자리를 양보하지 않은 배려심 없는 사람들과 똑같아졌기 때문이다.

그러므로 쑥스럽거나 애써 무시해서 자리를 양보하지 않았던 사람은 오늘부터 과감히 실천에 옮기도록 하자. 먼저 '자리를 양보해야겠다'라는 생각이 드는 노약자나 임산부가 지하철에 타면 망설임이 생기기 전에 자리에서 일어나도록 한다. 왜냐하면 '어떻게 말을 걸어서 자리를 양보하지?'라는 생각이 들면 타이밍을 놓치기 쉽고, 그럼 자리를 양보할 기회도 사라질 수 있기 때문이다.

지하철이나 버스 안에서 남에게 자리를 양보하는 일은 자기 자신보다 상대방을 더 많이 배려하는 친절한 마음 없이는 불가능하다.

그러므로 자리를 양보해야 할 것 같은 노약자가 보이면 지금보다 좀 더 당당하게 자리를 양보하고, 스스로를 대견스럽게 여기자.

친절함에 실천력까지 갖춘 당신이라면 얼마나 매력적으로 보이겠는가? 그런 사람이 남들에게 호감을 받는 것은 당연하다.

082
길을 설명할 때도 상대방을 배려해야 한다

당신은 누군가가 거리에서 "잠깐만요. 길 좀 물을게요"라고 말을 걸어올 때 상대방이 쉽게 길을 찾을 수 있도록 친절하면서도 꼼꼼하게 설명하는 편인가?

얼마 전 일본의 한 공중파 방송에서 '일본인은 길을 가르쳐주는 것이 서툴다'라는 특집 프로그램이 방송된 적이 있다.

이 프로그램에서는 시골에서 갓 올라온 할아버지가 도쿄 역 주변에서 길을 물어보고 있었다. 그런데 길 안내를 부탁받은 사람들은 대부분 "이 길을 따라 저기 보이는 신호까지 가신 다음에 저쪽 골목으로 들어가 조금만 가시면 됩니다"라는 식으로 막연하게 설명했다. 상대방의 입장에서 알기 쉽게 설명해 준 사람은 극히 일부에 지나지 않았던 것이다.

모처럼 다른 사람을 도왔다고 해도, 정작 상대방에게는 전혀 도움이 되지 않았다면 그야말로 아무 소용없는 일이다. 즉, 정말 길을 가르쳐줄 마음이 있었다면 '저기 보이는 신호'나 '저쪽 골목'이 아니라 '두 번째 신호'나 '우체통 바로 옆길'이라고 알기 쉽게 설명했어야 한다.

심지어 "바쁘니까 다른 사람에게 물어보세요"라고 말하거나 아예 할아버지를 무시하고 가버린 사람도 적지 않았다.

길을 가르쳐주는 일이 간단한 것처럼 보일 수도 있지만, 상대방의 처지에 서보지 않으면 자세하게 설명하기가 쉽지 않다. 그래서 길을 가르쳐주는 사소한 일에서도 그 사람의 참된 인간성을 읽을 수 있는 것이다.

어떤 일에서든 상대방의 처지에서 말하고 행동하는 사람은 호감을 받을 수밖에 없다. 그러므로 비록 작은 일이긴 하지만, 당신도 쉽게 길을 설명할 수 있는 사람이 되었으면 한다.

083
모두가 즐거워할 만한 일을 하면 친구가 생긴다

D씨는 사람을 사귀는 일에 좀 서툰 편이었다. 그런 D씨는 어느 날 '이런 내 성격을 바꾸겠다'라는 결심을 했고, 학창시절의 은사님을 찾아가 어떻게 하면 호감 가는 스타일이 될 수 있는지를 물었다.

그러자 은사는 "매일 아침 회사에 출근하기 전에 집 앞의 길을 청소하면 된단다"라고 대답했다.

D씨는 그 다음날부터 아침 일찍 집 앞의 골목길을 청소하고 쓰레기도 주웠다. 그렇게 며칠이 지나자 그 길을 매일 지나가는 사람 가운데 몇 명이 "안녕하세요", "수고하십니다"라며 말을 걸어왔다.

하지만 여전히 누군가를 사귀는 일에 서툰 D씨는 사람들이 말을 걸어와도 가볍게 머리를 숙이는 정도로 인사만 할 뿐이었다. 그렇게 어느 정도 시간이 흐르자, 이제 D씨는 골목길을 지나가는 사람들과 간단하게 대화를 나눌 수 있게 되었다.

"좋은 아침입니다. 회사에 잘 다녀오세요."

"오늘은 따스하네요. 벌써 봄이에요."

모르는 사람과 이런 대화를 할 수 있으리라고는 상상조차 하지 못했던 D씨였기에, 이런 자신의 변화가 몹시 기쁘고 감격스러웠다.

  골목길의 쓰레기를 줍거나 청소를 하는 일은 특정인을 위한 어떤 행위와 달리, 그 장소와 관계된 모든 사람들을 기쁘게 하는 것이기 때문에 많은 감사 인사를 받게 마련이다. 게다가 골목길을 청소하다 보면 많은 사람들이 그 모습을 지켜볼 것이다.

  이처럼 모두가 즐거워할 만한 일을 많은 사람들이 보는 앞에서 한다면 모르는 사람이 인사를 한다든지 말을 걸어오는 일은 당연하다. D씨의 은사는 이런 사실을 미리 알고 있었기에 아침 일찍 일어나 골목길을 청소하라고 조언했던 것이다.

  사람 사귀는 일에 서툰 사람이라면 참고할 만한 이야기가 아닐까 싶다.

084
남을 위한 봉사가 신뢰와 호감을 쌓는다

외국계 기업에서 일하는 여성 S양이 들려준 이야기다.

"우리 회사에 제가 몹시 싫어하던 Y씨라는 동료가 있어요. 같은 그룹의 일원이었지만, 왠지 잘난 척하고 거만한 것 같아 싫어했지요.

그런데 오랜만에 일찍 출근한 어느 날, 사무실 입구에서 쓰레기를 줍고 있는 Y씨를 보게 됐어요. 그 모습을 보자 나의 머릿속에 박혀 있던 그의 이미지가 완전히 바뀌더군요.

사실 우리 회사는 청소 전문업체에 청소를 맡기고 있거든요. 그런데 업체에서 사람이 나오지 않은 날도 사무실 입구가 깨끗해서 의아해했던 기억이 있는데, 알고 보니 Y씨가 청소를 했던 거예요.

성격이 나쁜 사람이 사무실 입구를 매일 청소할 리는 없다고 봐요. 그의 거만하고 잘난 척하는 태도가 자신의 쑥스러움을 감추기 위한 것은 아닐까라는 생각도 들고요."

이렇듯 Y씨는 자신의 책상 주변뿐 아니라 모두가 사용하는 사무실 입구까지 매일 청소했다고 한다. 물론 자신이 사용하는 장소나, 자신이 좋아하는 사람이 사용하는 장소를 매일 청소하는 직원들은 꽤 있을 것이다. 그러나 Y씨는 그들과 달랐다.

　이 회사는 외국계라서 직원들 간의 경쟁이 무척 심해, 모두 긴장된 분위기 속에서 일을 한다고 한다. 그런 와중에도 모든 사람들이 기분 좋게 일하길 바라는 마음에 공공장소라고 할 수 있는 사무실 입구까지 매일 청소한 Y씨의 태도에 S양이 감동받았던 것이다.

　물론 Y씨는 다른 사람들에게 호감을 받기 위해 이런 일을 하지는 않았을 것이다. 그리고 이런 진실과 진심은 언젠가는 어떤 형태로든 알려지게 되어 있다.

　이렇듯 남을 위해 봉사하는 사람들은 남에게 큰 신뢰를 받을 뿐 아니라, 존경의 대상이 되기도 한다.

085
당신의 도움을 필요로 하는 사람들이 의외로 많다

사람은 누구나 자신에게 이득이 되거나 과거에 신세를 진 사람에게 친절하려고 애쓴다. 반면, 자신과 관계가 없거나 사귀어도 별 이득이 없을 듯한 사람에게는 도움을 주고 싶어하지 않는다.

그런 만큼 자신보다 약한 상대를 위해 일하거나 돕는 사람은 인간적으로 굉장히 매력 있게 비쳐진다.

예를 들어, 어느 유명 스포츠 선수는 불쌍한 아이들에게 매년 많은 돈을 기부하고 있다고 한다. 그 선수는 이런 일이 세상에 알려지는 것을 원치 않아 계속해서 익명으로 기부를 해왔다.

하지만 기부를 받은 아동시설 관계자가 "실은 스포츠 선수 D씨가 아이들을 위해 매년 많은 기부를 해주십니다. 정말로 훌륭한 분이십니다"라고 말하고 다녔고, 이 사실이 조금씩 입소문을 타고 여러 사람들에게 알려지기 시작했다. 그리고 그 소문이 퍼질수록 D선수의 인기는 점점 더 올라갔다. 그 덕에 D선수는 많은 팬레터도 받았다.

"이기적인 줄 알았는데 정말 좋은 사람이었군요."

"어려운 상황에 놓인 사람에게 친절을 베풀 줄 아는 인격에 반했습니다."

"저도 본받고 싶습니다."

팬레터에는 온통 이런 내용들이 적혀 있었다. 우리 역시 이 선수에게 배울 점이 무척 많으리라 본다.

친절을 베풀 상대가 불쌍한 아이들만 있는 것은 아니다. 주위를 둘러보면 당신의 도움을 필요로 하는 사람들이 의외로 많다. 이런 사람들을 위해 작은 것이라도 괜찮으니, 당신이 할 수 있는 일을 실천하도록 하자.

자신의 이득보다 상대의 행복을 먼저 생각할 줄 아는 당신이야말로 정말 매력적인 사람으로 비쳐질 것이다. 그리고 이런 당신의 인기가 올라가는 것은 시간문제가 아닐까?

086
남을 위해 자신의 힘을 스스로 발휘한다

호감 가는 사람은 남의 힘을 빌리기 전에 스스로 움직인다. 어떤 일이든 남에게 의지하려는 사람은 자신의 목표를 달성하지 못하거나 목표를 변경해야 할 일이 생길 때마다 남을 원망하고 심하게 화를 내곤 한다. 하지만 호감 가는 사람은 절대 그런 경우가 없다.

생각해 보면 우리는 대부분 '누군가 해줄 거야', '누군가 도와주겠지'라는 막연한 기대감을 안고 살아가는 듯하다.

예를 들어, 당신이 살고 있는 아파트의 현관 전구가 나갔다고 해보자. 당신은 '누군가가 관리실에 연락하겠지'라는 생각에 아무런 행동도 취하지 않았다. 그런데 며칠이 지나도록 전구는 나간 상태 그대로였다.

그래서 관리실에 전화했더니 관리인은 전구가 나간 사실조차 모르고 있었다. 아파트 주민들이 모두 '누군가 연락하겠지'라는 생각만 했을 뿐 정작 연락은 아무도 안 했던 것이다.

이렇게 우리는 작은 일에서도 '다른 사람이 하겠지'라는 생각을 자주 하는 편이다. 하지만 아무리 작은 일이라 해도 우리 생각대로 쉽게 이루어지지는 않는다. 그럼 그때마다 스트레스를 받고 짜증이 날 수밖에 없다.

　이런 사람들은 남에게 호감을 받기보다 오히려 조바심 내고 짜증 섞인 말투로 인해 미움을 받는 경우가 흔하다. 이런 일을 방지하기 위해서라도 주위 사람들에게 의지하지 말고 자신의 판단대로 곧바로 실천에 옮기는 자세가 중요하다.

　이제부터 '내가 왜? 귀찮으니까 다른 사람이 했으면 좋겠어'라는 자기중심적이고 이기적인 생각은 버리자.

　"손해도 없고, 이득도 없다. 내가 봤으니까 내가 한다"라고 외치면서 남을 위해 자신의 힘을 쓰는 사람은 그 행동으로 인해 호감 가는 스타일이 될 수밖에 없다.

087
남들이 하기 싫어하는 일을 솔선해서 한다

모든 사람을 위해 반드시 필요하지만, 대부분의 사람들이 싫어하는 탓에 쉽게 해결되지 않는 일들이 종종 있다.

회사를 예로 들면, 쓰레기 비우기나 화장실 청소 같은 지저분한 일, 물건 옮기기 같은 힘쓰는 일 등이 '될 수 있으면 하고 싶지 않은 일'의 범주에 해당한다. 즉, 누군가 하지 않으면 안 되지만, 누구도 하고 싶어하지 않는 일인 것이다.

이럴 때 "제가 할게요"라며 솔선수범하는 사람은 호감을 받을 뿐 아니라 인간성 측면에서도 높은 점수를 받게 된다.

사람들은 대부분 머리로는 '남들이 귀찮아하는 일을 하는 것은 매우 훌륭한 행위'라고 생각하면서도, 그것을 쉽게 실행에 옮기지는 못한다. 왜냐하면 사람은 누구나 귀찮은 일은 피하려 하고, 자기만 곤란한 일을 겪는 것을 용납하지 못하기 때문이다.

이렇게 남들이 귀찮아하고 싫어하는 일을 솔선해서 처리함으로써 결국 좋은 결실을 맺은 T양의 예를 소개하겠다.

T양은 '아침 일찍 출근하는 것이 힘들어서'라는 이유로 모든 직

원들이 피하던 쓰레기 청소를 아침마다 혼자서 다 했다. 쓰레기통을 깨끗이 닦는 일도 결코 잊지 않았다.

이런 T양 덕에 사무실의 쓰레기통 근처는 늘 깨끗하고 청결했다.

그러던 어느 날 직장 상사가 T양에게 좋은 남성을 소개시켜 주겠다며 나섰다.

"T양처럼 마음이 깨끗하고 남을 배려할 줄 아는 사람이라면 어떤 남성이든 매력을 느낄 거야"라는 상사의 말대로, 소개팅에 나온 남성은 T양을 무척 마음에 들어 했고, 결국 둘은 좋은 결실을 맺게 되었다.

T양은 "매일 쓰레기통을 청소한 덕에 좋은 사람을 만났고 행복한 결혼도 하게 되었습니다"라며 몹시 기뻐했다.

088
진정한 상냥함은
모든 사람들에게 똑같이 대한다

봉사 정신이 부족해 실연을 당하는 사람들이 있다. 여대생 N양이 그런 경우다.

N양은 사귀기 시작한 지 반년 정도 된 S군에게 푹 빠져 있었다.

어느 날 S군은 축구 시합을 하던 중 다리를 다쳐 병원에 입원하고 말았다. N양은 S군 걱정에 매일 병문안을 갔고, 누구보다 열심히 그를 간호했다. S군은 그런 N양이 무척 고마웠다.

그런데 어느 날부터인가 N양을 바라보는 S군의 눈빛이 달라졌다. 같은 병실의 다른 환자를 대하는 N양의 태도가 눈에 거슬렸기 때문이다.

S군은 6인실에 입원해 있었기 때문에 병실에는 그 외에도 5명의 환자가 더 있었다. 그런데 N양은 같은 병실의 다른 환자들에게는 무척 쌀쌀맞게 행동했다.

예를 들어, N양은 S군이 화장실이나 세면장에 가려고 할 때마다 솔선해서 부축해 주곤 했다. 반면, 병실 중앙에 큰 짐이 놓여 있는 탓에 목발을 짚은 다른 환자가 지나가기 곤란해하는 모습을 보고도 태연한 얼굴로 그냥 앉아 있는 것이었다.
 그리고 S군이 "신문 좀 집어 줄래?"라고 하면 얼른 신문을 갖다 주었지만, 휠체어를 탄 다른 환자가 "죄송하지만 티슈 좀 집어 주실래요?"라고 부탁하면 무척이나 귀찮다는 표정으로 티슈박스를 그 환자의 침대 위에 던져 주곤 했다. N양의 상냥함은 S군에게만 한정되어 있었던 것이다.
 결국 N양에 대한 S군의 애정은 식어 버렸고, S군은 그녀에게 헤어지자고 말했다.
 누구나 좋아하는 사람이나 애인에게는 무척 상냥하게 행동한다. 그러나 진심으로 상냥한 사람은 자신과 아무런 관련이 없는 남에게도 미소 띤 얼굴로 친절을 베풀 줄 안다. 이 사실을 결코 잊지 않길 바란다.

봉사활동은 결코 시간 낭비가 아니다

Y라는 20대 여성이 있었다. 그녀는 최근 결혼을 약속했던 A씨와 헤어졌다. 다음과 같은 이유에서였다.

하루는 Y양이 A씨와 함께 텔레비전을 보고 있는데, 뉴스에서 봉사활동에 대한 소식이 나왔다. 그 뉴스를 보던 Y양이 "나도 결혼한 다음에 봉사활동을 하고 싶어. 양로원 같은 곳에서 말이야"라고 말했다.

이에 A씨는 "뭐라고? 봉사활동은 아무리 열심히 해도 돈이 안 되잖아. 그러니까 그런 일은 괜히 시간만 버릴 뿐이야. 시간이 남아돌면 집안일이나 더 열심히 해"라고 대답했다.

A씨가 늘 약한 사람의 편일 것이라고 생각했던 Y양은 이 말에 큰 충격을 받고 말았다.

실제로 A씨는 봉사활동을 '시간 낭비'라고 생각하는 사람이었기 때문에 그의 말은 칭찬이 아닌 Y양에 대한 비난이었던 셈이다.

Y양은 이 일을 계기로 '자기 자신밖에 모르는 A와 결혼하면 행복하지 않을 것이 분명해'라는 생각이 들었고, 결국 그와 헤어지기로

결정했다.

　이 세상에는 여러 유형의 사람이 있다. 그런 만큼 다른 점을 인정하고 보완하면서 서로 돕고 살아가야 세상이 안정되고 평화롭게 유지될 수 있다. 어떤 때는 자신이 솔선해 다른 사람을 도와주어야 하는 입장에 서지 않으면 안 되는 경우도 생긴다.

　이런 점을 이해하지 못하고 자기 자신의 이득만 생각하는 사람은 A씨처럼 중요한 것을 잃은 뒤 후회하게 될지도 모른다.

090
봉사활동을 하면 자기 자신이 더 좋아진다

봉사활동은 세상에 도움이 될 뿐 아니라, 그것을 실천하는 사람에게도 큰 마력을 발휘하곤 한다. 그 마력이란 바로 봉사활동을 하면 자기 자신이 자연스럽게 좋아진다는 점이다.

매주 한 번씩 해안청소 봉사활동을 하는 F라는 여성은 자원봉사 활동을 시작한 동기에 대해 이렇게 말했다.

"처음에는 모임의 서퍼들이 하고 있었기 때문에 어쩔 수 없이 저도 해안에서 쓰레기를 주웠어요. 그런데 매주 쓰레기를 줍다 보니까 바다뿐 아니라 내 마음도 깨끗해지는 듯한 느낌이 드는 거예요.

그리고 어느 순간 '얼마 전까지만 해도 나 자신밖에 몰랐던 내가 바다를 아름답게 지키기 위해 이렇게 노력하다니 대단한걸. 이런 내가 정말 멋지고 대견스러워'라는 생각이 들더라고요. 나 자신이 좋아지니까 하루하루가 더 즐거워졌고, 그만큼 친구들도 더 많아졌어요. 그래서 해안청소 봉사활동을 계속 해나갈 생각이에요."

F씨는 파도타기를 시작할 무렵에는 친구가 거의 없었다고 한다. 하지만 해안청소를 시작하면서 친구가 많아졌고, 지금은 헤아릴 수

없을 정도로 많은 파도타기 동료들이 생겼다고 한다.

또한 자기 자신에 대한 애정이 별로 없었던 F씨는 얼마 전까지는 늘 다른 사람의 눈치를 보곤 했는데, 지금은 전혀 그렇지 않았다. 자기 자신을 좋아하게 된 이후부터는 자신감도 넘쳤고, 다른 사람 앞에서도 자연스럽게 행동할 수 있게 된 것이다.

이렇듯 자신감을 가지고 언제 어디에서든 자연스럽게 행동하는 사람은 타인의 눈에 무척 매력적으로 보인다. 그리고 누구나 그런 사람과 친구가 되길 원한다.

F씨는 해안청소 봉사활동을 통해 한 인간으로서 크게 성장할 수 있었다. F씨처럼 당신에게도 자기 자신에게 맞는 어떤 활동들이 분명히 있을 것이다. 그 일을 계기로 자신에 대한 애정이 더욱 커지길 바란다.

제10장
사람들에게 기쁨을 나눠 주어라

타인에게 호감을 주는 가장 효과적이고 간단한 방법은 바로 상대에게 기쁨을 주는 것입니다. 철학자 에머슨은 "행복이란 향수와 같다. 상대방에게 뿌리면 자신에게 돌아오기 때문이다"라고 말했습니다.
당신이 먼저 타인에게 행복을 주면 당신은 그에게서 호감을 받을 수 있습니다. 그리고 찾아보면 타인을 행복하게 만드는 방법은 무척 많습니다. 아주 작은 계기가 인간관계를 부드럽게 만들고, 인생을 좋은 쪽으로 돌리는 경우도 흔합니다.
당신도 오늘부터 타인에게 기쁨을 주는 사람이 되겠다는 목표를 정하고 실천했으면 합니다.

091
상대방의 결단을 아낌없이 응원하고 격려한다

　호감 가는 사람의 특징 가운데 하나는, 상대가 어떤 일을 망설이고 있을 때 그의 등을 두드려주고 격려해준다는 것이다.
　사람은 누구나 어떤 결단을 내려야 할 때 어느 정도는 망설이게 마련이다.
　"정말 이것으로 괜찮을까? 실패하면 어떻게 하지?"
　"이 정도면 충분하다고 생각하지만 확신이 없네……."
　이렇듯 결단을 내린 뒤에도 걱정하고 고민하는 사람들이 많다.
　이럴 때 자신의 선택이 올바르다고 말해 주고, 이제부터 나아가야 할 길로 등을 밀어주는 사람이 있다면 엄청난 힘이 될 것이다. 그리고 누구나 그런 상대에게 호감과 친밀감을 느끼게 된다.
　동료 가운데 한 명이 "실은 이번 새로운 프로젝트 멤버 모집에 응모해 볼까 생각 중이야"라고 말했다고 해보자. 이 경우, 당신이라면 뭐라고 대답하겠는가? "앞으로 일이 더 많아질 텐데, 그냥 포기하지. 그리고 응모에서 떨어지면 어떡하려고. 창피하잖아"라는 식으로 부정적인 말을 건네겠는가?

당신이 이렇게 말한다면 상대는 두 번 다시 당신에게 어떤 중요한 이야기나 상담을 하지 않을 것이다. 그리고 당신과 조금씩 거리를 두려고 할 수도 있다.

이와 반대로 "오, 좋지! 새로운 프로젝트를 보니까 무척 재미있겠더라고. 너라면 정말 잘할 수 있을 거야. 한 번 응모해 봐"라며 상대의 생각에 동조하고 응원해 준다면, 당신은 상대방에게 신뢰감을 안겨줄 뿐 아니라 중요한 존재가 될 수 있다.

호감 가는 사람은 "아주 좋은 생각이에요"라며 상대방의 결단을 지지하고 "열심히 하세요"라며 등을 밀어주는 등 현명하게 처신한다.

당신도 오늘부터 그런 사람이 되겠다는 목표를 정하고, 실천하도록 하자.

작은 선물이 인맥을 탄탄하게 해준다

처음 만나는 상대가 아닌, 가끔 대화를 나누는 정도의 상대와 더 좋은 친분 관계를 맺는 방법 가운데 하나가 바로 '선물하기'이다. 특히 생일이나 기념일 같은 어떤 특정일이 아닌, 그냥 평범한 날에 작은 선물을 건네는 것이 가장 효과적이다.

선물은 돈이 적게 드는 작은 것으로 하는 편이 좋다. 제일 권하고 싶은 선물은 먹거나 마시는 것처럼 곧 없어지는 물건들이다. 이런 선물은 부담을 주지 않기 때문에 상대방이 받아들이기 쉽다는 장점이 있다.

예를 들어, 상대방이 단맛을 좋아한다면 가까운 제과점에서 크림빵이나 달콤한 과자를 사다가 전해 주는 것이다. 단, 이런 선물은 가볍게 별일 아니라는 듯 전달하는 것이 좋다.

"오는 길에 초콜릿이 맛있어 보여서 사왔어요. 좋아하실 것 같아서 한번 드셔 보시라고요."

이렇게 말한다면 억지로 강요하는 분위기가 아니라서 훨씬 자연스럽게 선물을 전달할 수 있다.

이와 관련해 C양이 이런 이야기를 했다.

"회사에서 상대하기 껄끄러운 상사가 있었어요. 회사를 그만두고 싶다는 생각이 자주 들 정도로 그 상사에게 늘 꾸지람을 들었지요. 그런데 그 상사는 외출하고 돌아올 때마다 저에게 맛있는 과자를 사다 주는 것이었어요. '상사가 나름대로 나에게 신경 쓰는구나'라는 생각이 드니까 나도 좀 더 열심히 잘해야겠다는 마음이 생기더라고요."

이렇듯 사람은 누구나 억지로 강요하지 않으면서도 자신에게 신경 써주는 듯한 상대에게 호감을 느끼게 되어 있다.

당신도 지금 친분 관계를 맺고 싶은 사람이 있다면, 그에게 전해 줄 작은 선물을 준비하는 것이 어떨까?

093
주위를 살펴 도움의 손길을 내민다

다도(茶道)에서는 '더울 때는 시원하게, 추울 때는 따스하게 손님을 대접하라'고 가르친다. 이는 늘 상대방의 마음을 살펴서 행동하는, 즉 배려의 기본이라 할 수 있다. 그리고 이런 배려는 다른 말로 '살펴 헤아리는 자세'라고도 한다.

좋은 인간관계를 위해서는 상대나 주위를 관찰한 뒤, 상대가 지금 무엇을 원하고 바라는지를 눈치 채어 그것을 만족시켜 주어야 한다. 이런 자세야말로 진정한 배려이자, 그 사람의 내면에서 우러나오는 매력이라고 할 수 있지 않을까.

호감 가는 사람은 어떤 어려운 일을 잘 처리하기보다, '주변 사람들을 잘 관찰해 그가 말하지 않은 생각까지도 알아채는 스타일'이다.

호감 가는 사람이 되고 싶다면 먼저 주변을 잘 살펴보도록 하자. 대화 중에 마음이 편치 않아 보이는 사람, 지하철역에서 매우 곤란한 표정을 짓고 있는 사람 등 잠깐 둘러보는 것만으로도 여러 유형의 사람을 찾을 수 있을 것이다. 그리고 보통의 감각이라면 그 사람이 지금 '무엇을 바라는지'를 알아차릴 수 있을 것이다.

곤란한 처지에 놓인 상대에게는 아무리 작은 호위라도 기쁘고 반갑기 때문에, 당신이 용기를 내어 작으나마 도움의 손길을 뻗친다면 상대에게는 무척 큰 도움이 될 수 있다.

배려라는 것이 조금은 어렵고 거창해 보일 수도 있지만, '주위를 살펴 도움의 손길을 내민다'는 의미로 받아들인 뒤 의식적으로 조금씩 실천해 나간다면 진정으로 '남을 배려하는 훌륭한 사람'이 되리라 믿는다.

직장은 물론이고 가정에서도 이런 작은 배려가 좋은 인간관계의 밑바탕이 된다는 사실을 잊지 않길 바란다.

094
명랑하고 긍정적인 말이 행복을 가져온다

옛날 사람들은 말에 신비한 힘이 있어서 입 밖으로 내뱉은 말이 현실로 이루어지는 경우가 많다고 믿었다. 그래서 어른들이 "좋은 말을 하면 좋은 일이 생기고, 나쁜 말을 하면 나쁜 일이 생긴다"고 강조하는 것이다.

이 가르침은 지금 시대에도 적용될 수 있을 듯하다. 즉, 늘 명랑하게 긍정적으로 말하는 사람은 남들의 기분까지도 좋게 만든다. 이런 이유 때문에 언어와 관련된 일을 하는 사람의 주변에는 명랑한 친구들이 많은 편이다.

이 가르침을 잘 몰랐던 S씨는 사람들에게 꽤 미움을 받고 있었다. 그 원인은 역시 S씨의 말투에 있었다.

실제로 S씨는 일상생활에서 부정적인 말을 자주 하는 버릇이 있었다.

"최근에 두통이 심해졌어요. 혹시 큰 병이 아닐까요? 만일 제가 죽으면 장례식에 꼭 와주세요."

"회사에서 또 혼났어. 나는 정말 아무것도 못하는 한심한 인간이야. 아, 힘들다. 회사에 가고 싶지 않을 만큼……."

이런 말을 듣고 있는 사람은 자기 자신까지도 어두워지는 듯한 느낌을 받는다. 그리고 'S와 만나면 피곤해'라는 생각을 하게 되어 슬슬 그를 피하기 시작한다.

하지만 S씨는 왜 자신이 인기가 없는지를 잘 모른다. 아무 뜻 없이 던진 말들을 정작 본인은 잊어버리기 때문이다. 그에 비해 상대방은 그의 말을 기억하고 있을 뿐 아니라, 그 사람에 대한 인상까지도 바꾸고 만다. 이런 점 때문에 언어의 힘이 무섭다고 하는 것이다.

오늘부터라도 늘 명랑하고 긍정적으로 말하도록 하자. 이런 작은 일 하나로 주위 사람들의 마음까지 밝게 만들 수 있다면 자신도 행복하지 않겠는가. 그럼 당신의 주위에 자연스럽게 사람들이 몰려들 것이다.

095
상대방을 위해 시간을 내준다

우리는 모두 자신이 중요한 존재로 대접받길 원하는 본능을 가지고 있다. 따라서 호감 가는 사람이 되고 싶다면 이런 인간의 본능을 적절히 활용하는 것이 매우 중요하다. 즉, 상대방을 중요한 존재로 대접하는 것이다.

"그렇다면 상대방을 중요한 존재로 대접하는 방법에는 어떤 것이 있을까요?"라고 묻는 사람들이 있을지도 모르겠다.

그래서 제일 간단한 방법을 제시하면, 바로 '상대방을 위해 시간을 내주는 것'이다.

요즘 사람들은 대부분 "시간 없어", "바빠"라는 말을 입에 달고 살면서 늘 시간에 쫓긴다. 그런 만큼 누군가가 자신을 위해 바쁜 시간을 쪼개 준다면 얼마나 기쁘고 즐겁겠는가?

예를 들어, 대학생 E양은 집안 사정이 여의치 않아 자신이 학비를 벌면서 공부하지 않으면 안 되었다. 그만큼 아르바이트와 공부 때문에 개인 시간이 거의 없었다.

그래도 E양은 남자친구의 생일에 하루 종일 시간을 내어 자신의 아파트에서 파티를 열어주었다. 값비싼 선물은 없었어도, 아르바이트와 학업을 병행하느라 늘 바쁜 E양이 자신을 위해 시간을 내주었다는 사실 하나만으로도 남자친구는 엄청난 감동을 받았다.

이렇듯 늘 바쁜 사람이 자신을 위해 특별히 시간을 내준다면 상대방은 그를 호감 가는 스타일로 인식하고 좀 더 친밀한 관계를 유지하고 싶어한다.

단, 빈둥빈둥 놀고 있는 사람은 오히려 시간을 낭비하고 있다는 느낌을 줄 수도 있으므로 주의가 필요하다.

096
대화의 화젯거리는 상대방에게 맡긴다

호감 가는 사람과 함께 있는 시간은 왠지 모르게 편안한 느낌이 든다. 특히 여성은 태생적으로 상대방이 긴장을 풀고 편안함을 유지할 수 있도록 하는 분위기를 풍긴다고 한다.

상대방을 편안하게 만드는 방법에는 여러 가지가 있지만, 그 가운데 하나가 바로 '대화 내용과 속도의 조절을 상대방에게 맞추기'이다.

사람은 누구나 자신이 좋아하는 화젯거리에 흥미와 즐거움을 느끼게 마련이다. 따라서 호감 가는 스타일이 되고 싶다면, 상대의 반응을 보면서 그가 흥미를 보이는 화젯거리를 찾은 뒤 거기에 맞춰 대화를 이끌어나가는 것이 효과적이다.

물론 자신이 좋아하는 화젯거리를 절대 꺼내지 말라는 의미는 아니다. 처음에는 상대방이 좋아하는 이야기들로 긴장을 푸는 것이 인간관계를 돈독히 만드는 지름길이라는 뜻이다.

기본적으로 자기 자랑이나 신상 이야기는 듣는 사람으로 하여금 지루함을 느끼게 만들 수 있다. 따라서 자기 이야기는 어느 정도 분위기가 무르익은 뒤에 천천히 하도록 하자.

물론 상대방이 흥미로워 하는 이야기 중에는 이해하기 힘들거나 모르는 것들도 있을 수 있다. 그럴 때는 솔직히 잘 모르겠다고 말하는 것이 바람직하다. 그럼 상대는 당신의 반응에 실망하거나 싫어하기보다 '오, 흥미를 보이는 것 같은데'라는 생각에 더욱 친절하게 설명해 줄 것이다.

참고로, 상대방의 이야기를 들을 때는 적절히 맞장구를 치는 것이 중요하다. 그럴 경우 상대방은 '자신의 이야기를 열심히 듣고 있다'라는 느낌을 받아 편안한 마음으로 이야기를 계속해 나갈 수 있기 때문이다.

다시 말해, 상대방이 좋아하는 화젯거리를 선택하는 사람은 어느 누구에게나 '이 사람과 함께 있으면 정말 즐거워'라는 느낌을 주게 된다. 그런 사람들의 호감도가 높은 것은 당연하지 않은가.

097
미소 띤 얼굴이 인간관계를 형성하는 핵심이다

만남에서 첫인상은 참 중요하다. 서로 대화를 나누기 시작한 지 얼마 안 된 사람들은 서로 '상대는 어떤 유형일까?'라는 생각에 경계심을 늦추지 않기 때문에 대화가 무겁고 딱딱할 수밖에 없다.

물론 처음에는 상대에 대한 이런 탐색 과정이 어쩔 수 없지만, 시간이 꽤 지났는데도 여전히 상대를 파악해야 한다면 그 사람과의 대화가 점점 고통스럽게 느껴지기 시작한다. 그럼 마음의 거리는 멀어질 수밖에 없고, 친밀한 관계가 되는 것은 결국 불가능해지고 만다.

좋은 관계가 되기 위해서는 조금이라도 빨리 긴장을 풀 필요가 있다. 그리고 긴장을 푸는 데 가장 효과적인 수단은 바로 '밝은 미소'이다. 누구나 알고 있듯이, 미소 띤 얼굴을 보는 것만으로도 기분이 좋아지고 자연스럽게 긴장감도 해소된다. 반면, 무표정하게 굳어 있는 얼굴을 보면 마음이 불편해지기 때문에 대화가 엉망이 되기도 쉽고 더욱 좋지 않은 인상을 갖게 될 수도 있다.

무표정은 '웃지 않는다'라는 단순한 개념을 넘어, 때로는 '화를 내고 있다', '기분이 좋지 않다'라는 오해를 불러일으킬 수 있기 때문에 쓸데없이 상대방의 경계심만 강화한다.

그래서 연예인들은 짧은 시간 안에 사람의 마음을 사로잡기 위해 얼굴 표정에 무척 신경 쓴다고 한다. 공개 개그에서 무대에 올라간 개그맨이 긴장한 얼굴을 하고 있다면 관객에게도 그 긴장감이 그대로 전달되어 대본과 달리 그들을 전혀 웃길 수가 없다. 그래서 미소 띤 얼굴을 만드는 훈련을 따로 함으로써 관객에게 '편안함', '안정감'을 심어주어 개그를 더 재미있게 이끈다고 한다.

한마디로 미소 띤 얼굴은 상대의 마음을 빠른 시간 안에 무장해제시킨다는 장점을 가지고 있다. 그래서 누구나 '미소 띤 얼굴로 밝은 표정을 짓는 사람'과 '무뚝뚝하게 그늘진 분위기를 가진 사람' 가운데 전자에게서 더 호의적인 인상을 받게 되는 것이다.

이런 점들을 감안한다면 미소 띤 얼굴로 늘 명랑하게 말하는 사람이 인간관계 면에서 유리하지 않겠는가? 미소 띤 얼굴을 만드는 데는 단 1원도 들지 않는다. 그러나 그 효과는 가공할 만한 수준이다. 그러므로 오늘부터 미소 띤 밝은 얼굴로 상대방을 바라보자.

098
유머로 상대방의 마음을 열 수 있다

갑작스럽긴 하지만, 당신이 아는 가장 호감 가는 사람을 한 번 떠올려 보라. 그 사람은 틀림없이 유머와 센스가 넘치고 무척 유쾌한 성격의 소유자일 것이다.

생각해 보면, 초등학생 때부터 반에서 제일 인기 있는 친구는 늘 유머 있고 활기가 넘쳤던 것 같다. 그 친구와 함께 있으면 모두들 즐거워했다.

한마디로, 호감 가는 사람의 빼놓을 수 없는 장점 가운데 하나가 바로 유머이다.

유머는 기운 없는 사람을 격려하고, 냉랭해진 분위기를 활기차게 만드는 효과를 가지고 있다. 따라서 유머를 활용해 주위 사람들을 즐겁게 만들고 분위기를 띄우는 사람은 "그 사람만 오면 분위기가 밝아진단 말이야", "지금까지 재미없었는데 그가 와서 완전히 분위기가 반전되었어"라는 말을 들으며 높은 평가를 받는다.

특히 유머는 힘들거나 슬플 때 큰 효과를 발휘한다. 사람은 누구나 힘들고 슬플 때 자신을 비하하거나 남을 탓하는 등 생각과 마음을 나쁜 쪽으로만 몰아가는 경향이 있다. 이럴 때 유머가 활기를 되찾아주는 효과를 발휘하곤 한다.

그리고 유머로 기운을 되찾은 사람은 자신을 웃게 해준 상대에게 감사의 마음을 가질 뿐 아니라 친숙함을 느끼게 된다.

따라서 이제부터 당신도 생활 속에서 유머를 발휘해 보자. 그리고 모임이 있는 날이면 사람들 앞에서 재미있는 이야기들을 많이 해 분위기를 띄우자. 그로 인해 주위 사람들이 '정말 재미있는 친구야'라고 생각할 때쯤이면 당신의 호감도도 급상승할 것이다.

단, 분위기를 띄운답시고 사람들에게 불쾌감을 줄 수 있는 지저분한 외설이나 농담을 쏟아내서는 절대 안 된다. 당신의 인상이 더 나빠질 수도 있기 때문이다.

099
설교보다는 조언이 효과적이다

T씨의 주위에는 늘 사람이 많은 편이다. 인생 경험이 풍부한 T씨는 많은 사람들의 인생 고민을 잘 들어주었기 때문이다. 게다가 T씨는 허물없이 대화를 나누기에 편안한 상대로, 후배나 친구들에게 적절한 조언도 해주었다.

예를 들어, 작업 중에 실수를 해 풀이 죽은 후배가 있다면 "지난 일은 어쩔 수 없잖아. 그러니까 걱정하기보다 이번 실수를 어떻게 만회할지를 생각해 봐야지"라고 말하는 것이다. 즉, 어떤 상황에서든 상대방을 격려하고, 구체적인 조언을 해주었다.

T씨의 좋은 점은 상담하러 온 사람에게 설교나 꾸중을 하지 않는다는 점이다.

일반적으로 충고를 하기 좋아하는 사람들은 설교나 꾸중도 자주 하는 편이다. "네가 일하는 것이 좀 엉성하긴 해. 그러니까 일이 잘 될 리가 없잖아"라고 말함으로써 상대방의 사기를 꺾는 경우가 많다. 그러나 T씨는 아무리 큰 실패를 한 사람에게도 그렇게 말하지 않는다.

"실패의 원인은 당사자가 제일 잘 알 거야."
"충분히 반성했을 테니까, 이제는 새롭게 시작해야지."
이런 식으로 말하는 T씨는 결코 지난 일을 끄집어낸다든지, 실수의 원인을 캐내려 한다든지 하는 일은 하지 않는다.
"내 경험이 후배들에게 도움이 된다면 그것보다 뿌듯한 일은 없다고 봐요. 그렇게 생각하니 어떤 이야기도 다 들어줄 수 있을 것 같더라고요"라고 말하면서 활짝 웃는 T씨가 사람들에게 호감과 존경을 받는 것은 당연하다고 본다.
당신도 상대에게 설교나 꾸중이 아닌 조언을 해줄 수 있는가? 이것만 할 수 있어도 당신 주변은 늘 사람들로 북적일 것이다.

100
존재 자체만으로도 행복을 주는 사람이 되어라

특별히 해주는 것도 없는데도, 왠지 존재 자체만으로도 행복한 느낌이 들게 만드는 사람들이 있다.

혹시 당신을 늘 걱정하시는 할아버지와 할머니에게 편지를 보낸 적이 있는가? 당신의 건강을 염려해 자주 음성 메시지를 남기시는 어머니에게 먼저 전화를 건 적이 있는가?

비록 지금은 잠시 떨어져 있어도 늘 당신을 걱정해 주는 가족이나 친구가 있다면, 그들은 당신의 안부 인사나 편지 한 통만으로도 틀림없이 행복감을 느낄 것이다.

서울에서 카메라 관련 일을 하는 M씨는 여름휴가 때마다 고모가 있는 시골에 내려간다. 자식이 없는 고모는 유달리 M씨를 사랑하고 아껴주셨다. 그래서 M씨가 내려갈 때마다 고모는 매우 기뻐했고, 늘 맛있는 음식을 해주거나 주변을 구경시켜 주느라 바빴다. 사실 이것이 고모의 유일한 낙이기도 했다.

M씨는 고모의 그런 마음을 잘 알았기 때문에 바쁜 와중에도 늘 시간을 내어 고모를 보러 내려가곤 했다.

M씨처럼 자신을 걱정해 주는 사람에게 늘 감사하고 그 사람을 만나기 위해 시간을 내려고 노력한다면, 당신은 누구에게든 큰 사랑을 받을 만한 자격이 있다.

그리고 이런 상냥함은 결코 하루아침에 만들어지는 것이 아니다. 오랫동안 실천해야 몸에 배는 것인 만큼 많은 사람들에게 호감을 받는 것은 당연하다.

당신은 당신을 걱정하는 사람들을 행복하고 기쁘게 만들고 있는가?

많은 사람들에게 호감을 받는 것은 사회생활이나 인간관계 측면에서 대단히 중요하다. 그러나 그보다 더 중요한 것은 주변에 있는 소중한 사람들의 사랑에 적절히 대응하고 보답하는 일이다.

그런 마음을 가진 당신이라면 어떤 사람에게든 사랑받을 수 있는 매력을 지녔다고 확신한다.

사람들에게 호감받는 100가지 방법

2007년 07월 25일 초판 1쇄 인쇄
2018년 01월 20일 초판 3쇄 발행

지은이 | 우에니시 아키라
옮긴이 | 박진배
디자인 | 문홍진
펴낸이 | 김정재 · 김재욱

펴낸곳 | 나래북 · 예림북
등록번호 | 제313-2007-27호
주소 | 경기 고양시 일산서구 대산로 215 연세프라자 303호
전화 | 031-914-6147
팩스 | 031-914-6148
이메일 | naraeyerim@naver.com

ISBN | 978-89-959842-0-8 03320
＊저자와의 협의하에 인지를 생략합니다.
＊사전 동의 없이 무단 복제 및 무단 전재를 금합니다.
＊잘못 만들어진 책은 구입하신 서점에서 바꿔 드립니다.